The internal leadership

內在領導力

Marie Chang

張曼琳 ── 著

目錄

推薦序

命運寫在每個人的心上

圖文。蔡志忠

　　印度吠陀經說：「如果一個人四十歲時還沒有覺悟，便如同死亡。」我們打開門走出去，是因為知道要去哪裡。我們開車上高速公路，知道要去什麼目的地。然而人生這麼大的旅程，大多數人竟然走了大半輩子，還不知道自己的目的地，豈不是很荒謬。隨波逐流，沒有目標的人生，像一艘沒有羅盤、航海圖，漂流於汪洋中無法靠岸的孤船。

　　我們有幸來此一輩子，應該先想清楚這一生應該怎麼過？這輩子應該怎麼走？從前兩岸還沒有直航的時代，我超過五十次在香港機場轉機要回台灣，對於歸心似箭的我，才懶得理別人要去紐約、倫敦或巴黎。由於我們自己沒有明確的目的地，才會亂羨慕別人要去夏威夷或是大溪地。如果我們清楚知道自己人生的目

的地，才懶得理別人高升什麼職位，今年賺了多少億。

明朝無異元來禪師說：「人自出生以來，要疑：生從何來？死向何方？」套用西方的講法就是：「我是誰？我從哪裡來？我要去哪裡？」孔子說：「性相近，習相遠。」我們每個人剛出生時其實相差不大，通過不同的學習，每個人變得不相同。除了個人能力之外，每個人的習性也很不一樣，由於能力、習性不同，所造成的人生之路也變得人人與眾不同。

二十年前，我曾在報章雜誌看過人性格的孔雀型、老虎型等分類的說法，覺得將個性分成五類很有意思。後來發現這PDP❶學說的作者張曼琳小姐很巧的跟我住在同一棟大樓，因此有機會請他替我和溫世仁先生做PDP性向分析，我是個非常了解自己的個性與自己的優缺點的人，我了解自己的能力與個性，有如我知道自己銀行存款簿到底有多少錢一樣精確。PDP的分析結果嚇了我一跳！因為看似毫無關係的六十題問卷圈選，所得到的結果竟然準確得嚇人！

張小姐跟我解釋說：「雖然問卷的問題乍看起來好像毫無關係，但這是通過四百萬個實際個案調查的統計資料庫所做出來的結果，所以才會這麼精準。」

舞出一生華麗，人是矛盾的！既期盼能出列拔萃鶴立雞群，卻又深怕自己與眾不同。每個人都生而與眾不同，每個人都有獨

特的一面。

如果我們不發揮自己獨特的一面，而行為習慣價值觀與大家都一樣，卻又期望自己能出類拔萃，這豈不是非常矛盾？我們來這一輩子到底為的是什麼？每天為生活而忙，所為何來？難道我們只能被動的隨著生活的腳步行動？而不能率興唱出自己的生命之歌？隨著內心的節奏、韻律自己獨舞？

我們有幸來此一生，雖然生命難得、人身難得，但大多數人都渾渾噩噩毫無計畫匆匆過此一生。有多少人能在一開始便先想清楚這難得的一生到底應該怎麼過？應該怎麼走？難道非得等到夕陽將盡，我們即將死亡離去之時，才再後悔、懊惱不已？

人生是什麼？人生有什麼目的？相信大多數人都曾在他的人生旅途中，思考過這個「人生大問」！但有多少人真正想通人生問題？然後完完全全依自己正確的想法去實踐自己的一生？

每個人的內心深處都有一塊心靈聖地！每個人都應往自己內心深處尋找屬於自己的那塊淨土。而哪裡才找的到我們內心深處的那塊寂靜淨土？**讀萬卷書不如行萬里路，行萬里路不如閱人無數，閱人無數不如高人點渡，高人點渡不如自己頓悟！**

世間迷信命運，命運是無能者的藉口。**命運不寫在臉上、命運不寫在掌上、命運不寫在痣上、命運不寫在星相上、命運寫在**

每個人的心上！每個人當掌握自己的命運，每個人應走出自己的人生之道。

　　準備得越充足，幸運就越會跟著來。每個人選擇自己的人生之路之前必須先了解自己，了解自己是人生的第一個智慧！如果我們無法真正了解自己，可以做一次PDP性向分析，便有如高人點渡般的分析你的心，讓你了解自我的領導力到底如何？

---

❶PDP（Professional Dynametric Programs） 領導力管理整合系統
　　PDP系統正是一門測量每個人天賦特質的行為科學領導管理整合工具，支配性、表達性、耐心性和精確性這四個性格特質是主要的測量標準。

《作者序》

▼

發自內在的領導聲音

Brent, Marie與Mac

　　1996年我看了《西點軍校領導魂》，對我啟發很大，於是我在「領導力」這個領域上面，站在巨人肩膀上面，繼續研究開發工作23年之久。我在1983年到1994年期間用美國護照先後進中國觀光了10次，去過北京、西安、南京、上海、杭州、廣州與國父故居翠亨村及福州兩次。從2000年到現在，我每年拜訪大陸約4、5次！我與我老公Mac在2002年曾被邀請到中歐EMBA班與MBA班，以英文講學「領導風格」與「美國PDP系統」，並與學員分享我第一階段對所有重要人物案例的10年研究。我也教導

該校忻榕教授PDP認証課程，並將PDP系統「提昇領導力：領導風格，組織行為與團隊的企業文化」的課程內容，放入忻教授的教學架構。我在2011年與忻教授共同出版一本PDP的簡體版著作，書名是《五型領導者》，包含他9年來對該校CEO學員的案例研究。我也在該校以PDP為工具，擔任講座「團隊教練」。

由2002年至今，轉眼又過了12年，我親自體驗與看到大陸的進步，不只經濟上的突飛猛進與質變，也包含所有企業界人士的好學動力。近期在上海舉辦的「2013年PDP人才開發與管理論壇」，看到現場百餘位公司CEO與人資高階主管，一半為中歐的研究畢業生，另一半非中歐的學生，但都有高亢的學習心，至今與會高品質的學員都讓我印象深刻與感動。

過去14年，我不僅用PDP「領導力」的整合工具，研究中外成功人物的領導力，也與讀者分享生命教練23年的「內在領導力」經驗。約1973年時，我由台灣去美國留學，先後由外交政治科學研究所與高階主管碩士班畢業，並在美國留學期間創業，35歲時就擁有一個貿易公司與兩個汽車零件製造工廠，底下共300多名員工，由於汽車業為美國的火車頭工業與經濟指標，我除了產品外銷世界五大洲外，也周遊比台灣富強的歐美國家與比台灣落後的南美州國家……等！

1986年，因為台幣對美金升值近40%，我又生病近兩年，就決定在37歲改變自己的生涯事業。我由硬體行業轉到軟性高知識

和高感性的行業，其中包括了我的最愛「教育傳播事業」。經過近兩年的全球市調，我發現美國PDP系統對人自然天賦的特質及精力能量與滿意度…等的了解，最精確也最實用，並且可快速評量結果出來。尤其對企業領導管理工作者了解自己與共事的人有哪些天賦的自然本我優勢，要如何有效溝通激勵與界定工作角色，而能提升滿意度、降低耗能量與提升績效，落實「知人善任與人盡其才」與提升「領導力」的夢想。因此，1991年我決定在我的教育傳播事業中，代理PDP系統工具，也由於在第一個外銷汽車零件事業已幫助我賺足夠的錢，使我可安心不受誘惑，不但可蒐集研究大量的人才特質成功關鍵的資料庫，又可長期以自己最熱情的方式專心研究與教學，並已先後出版實務報告共10本書。這些書包括研究「領導力」與第2階段小部份的「內在領導力」。本書則是根據私領域的相關數據與實際資料庫，全面報導「內在領導力」。

在大量的運用「美國PDP領導管理特質系統」過程中，我先要感謝PDP創辦人Bruce Hubby 對我的教導，打下了我對PDP的專業基礎。還有Dr.Ridgeway教導我運用PDP與婚姻搭配對差異特質風格不同的認知與有效溝通，這對40歲才訂婚的我很有效。後來又有曾任南加大統計研究所所長Dr. mike Williamson親自一對一家教，教導我運用PDP在各企業團隊中找出其成功的內部關鍵成功指標及特質的核心優勢，以及蒐集各產業50萬份歸類不同特質的研究成功指標資料庫，並在講座教學的現場確認和建立行行出狀元的啟發。

這三位教練的教導讓我回台後邀請趨勢大師約翰奈思比來台演講，辦了一場針對大型企業的未來10年趨勢定位的講座，有400多位董事長與總經理學員。打出名氣之後，我立即先蒐集中小企業的創業與其班底的人才庫，也蒐集上萬人次各行業協會的人才關鍵特質的資料庫。我並且在頭一年的前十個月內就讓兩家當地產業龍頭的公司大量內部使用PDP領導特質於所有管理者與其管理幹部使用的專案，有一家是營建業的龍頭「大陸工程」，有一家是顧問業的龍頭「中國生產力中

張曼琳主辦趨勢大師－約翰・奈思比在台北的第一場2000年大趨勢的演講會

裕隆汽車創辦人－吳舜文與其公司同仁十位高階主管也參與學習張曼琳於1991年主辦「趨勢2000」研討會，包括美僑商會百餘位企業高階主管與台灣最高階主管共400餘位參與。

心」。第2年起，我就運用此系統協助在台的世界級企業、美國餐飲業第一名T.G.I.Friday或世界級，也協助健康與美麗產業屈臣氏由世界第2名成為該產業第一名。其他世界級企業如花旗銀行、Philips、嬌生、UPS…等，都大量運用PDP在其內部的管理群。1994年起，在石滋宜博士領導下，中國生產力中心也引進PDP系統。我在大中華區運用PDP系統輔導「康師傅」根據PDP領導特質找了數百位團隊經理人員，來強化康師傅團隊的核心優勢與未來發展的定位，走向「大企業」的變革發展之路。也因為石博士以其世界GE高階主管實務與台灣自動化之父的專業聲譽，肯定PDP系統的價值。至今，在大中華已有數十位夥伴加入，採用PDP這套輔導企業的工具。

我也由於每年都獲得PDP在美國以外全球使用第一名的績效，因此在2002年獲得PDP創辦人Bruce與第二代兒子Brent 的信任，升遷為大中華區（包括台灣、大陸、香港）的PDP總代表即全球合夥人。我個人也在2009年因為研究PDP案例而出的古今中外政經文化傑出人物的八本書，獲得中國婦女會主辦的兩岸四地百位傑出女企業家-中共建國60週年慶「中百傑獎-教育文化獎」。

曼琳在蘇俄之旅

過去13年來，已有數十位中國夥伴接受我的PDP系統Know How 企業核心領導力認證講師訓練，並用來輔導研究所與企業。在大中華地區PDP的「領導力」專業認證講師已有750位，遍佈大陸頂尖500大企業及十幾家研究所。也因為PDP在中國的專業深耕與延續發展，使我有時間再深入研究整理PDP工具的實務應用，並且整合23年的公領域「領導力」與私領域「內在領導力」初步研究，而出了第十本書。

　　我由19歲到64歲的45年間，順著個人內心熱情的聲音，深入研究古今中外不朽人物的傳記，尋找「內在領導力」的典範。也因此，我又垂直整合40年的學術研究及實務，包括自己40年的企業經營與近30年Dr. Kirsey 人格氣質量表的研究， 還有23年的PDP領導管理整合的行為科學系統工具。透過十幾萬人次案例，PDP 系統可檢驗公領域領導力和私領域滿意度及全面內外一致的「內在領導力」。做太太角色及原生家庭關係做女兒角色都可由PDP 系統來檢驗滿意度耗能量「自我身份認同」與反省，也使我自己個人的婚姻關係如倒吃甘蔗的喜悅，也更感激欣賞父母的愛，消融了對父親的溝通誤會，並建立與弟妹原生家人的真愛與信任關係。我也將十年期領袖協會的公領域「領導力」研究擴大到私領域的「內在領導力」研究，並將我對「神聖的內在」的體驗落實到生命八大課題的陸續消融。雖然每個人將「內在的聲音」在生活中落實與分享生命的課題都不同，只要每個人有真心誠摯的意願，都可自我發掘「內在領導力」。每個人的神聖內在都遠超過外在所受的現實考驗，我也享受「施比受」更有福的體

驗，願以此新書分享終身學習的喜悅。

我的熱情與「內在領導力」研究旅程的啟發

曼琳為聯合國記者與新聞主任合照

想起我在19歲不到的大一暑假，因打工蹉到同樣在工廠工作的中央數學系同學黃立德，因工作需2人一組，每日工廠標準動作一樣，由於他從小琴棋書畫與中國古典智慧的書熟悉，因此建議每日邊分享一本書邊工作，如此不會因單調睡覺被老闆抓到且又不影響工作。我當然很開心，因為我本身是北一女畢業，加上後來考上淡江大學文理學院，因自由前瞻的學校氛圍，在大一就已看了很多書，而經過這段時間每日一書的交流，使我心門大開，第一次感覺到唸書不是為父母而唸。

到了暑期結束，他得回中壢上課，送了我一本《改變歷史的書》，這是對我一生最重要的一本書，唐斯博士著，彭歌譯，純文學出版。改變歷史的十本書，作者包括潘恩、梭羅、馬克斯、牛頓、佛洛德、愛因斯坦……等！至今45年這些古今中外各行各業的不朽人物傳即成為我的學習與啟發的原動力。

它也對我生命起了質變，高中很喜歡國父說的「要立志做大事，不要做大官。」但我可不願做革命烈士，只想專注做對我有意義的事，不再為父母、老師唸書，要走自己的路，雖然心中想法還不具體，但很篤定也有勇氣全權擔當，當時我即將大學畢業，在當時適婚年齡是25歲左右，我便已決定先到美國留學，環遊世界後才想結婚。

1973年到美國紐約市留學，在聖約翰研究所，我主修「中美關係」與「中國領袖對百姓的命運」，研究毛澤東與孫中山。後來1979年進哥倫比亞大學研究「四人幫對中國命運與中美關係的影響」，其間在1975年，我考上僑光社駐聯合國記者，因此我減少了課業，每學期只修兩科。當時我立志當女大使，因此週末加學「整體美貴族式教學（John Robert Powers School）」，校友包括美國總統甘乃迪賈桂林夫人、福特總統夫人、葛麗絲凱麗王妃，這是訓練西方主流社會的禮儀穿著與內在美終身學習。有一次在年度的聯合國秘書長記者會，剛好安排各國使節也進場，我發現中國大使黃華與他的團隊，進場時的氣勢氣宇非凡但服裝卻不講究，因此當記者的一年雖得到國內的年度記者獎，但還是覺得做自由百姓就好，所以放下女大使的志向與聯合國記者的兼差

工作。

1976年底，我將教導整體美的兩位老師請到台灣，以便學習落實在生活上。但經過兩年多，發覺當時提供「內在美與內在力量課程」的老師本身言行不一，因而1978年底結束此教育事業的投資，並決定要等待「內在美-內在領導力」課程完全準備好，再回台開創教育傳播事業。

家庭、事業受挫　喚醒心中最愛的教育傳播

曼琳（最左）與美國女參議員（最右）

自1974年開始，我的外銷台灣汽車零件事業澎渤發展，事業上有台灣家人照顧後場與執行面，同時我在美國前線市場得到客戶信賴，因此續單、賺錢很輕易，所以我可以安心研究與學習，外交課老師建議我既然不用擔心錢，可以考慮參選美國參議員，

專門貢獻於美中台的和平主軸。

　　我的外銷事業共16年的飛躍成長，我決定在華盛頓最高級外交使節區買房，同時計畫念外交博士班，當時已有兩位政治界人物願意支持我未來選美國參議員，誰知人算不如天算，「神聖內在」好像在提醒我1978年的內在承諾，且超過我人格面可瞭解的禮物，我生命的試煉正式開始…於35歲購屋期間發現父親在未得我同意改了我的股份，問不出結果也改不回股份。內心一直壓抑，經過一年多，37歲得了憂鬱症，病情時好時壞，得靠吃鎮定劑與安眠藥。醫生建議我「留得青山在，不怕沒柴燒」，1988年，39歲的我，告別自己創立的事業，只做股東，其餘留給家人經營。

　　我在紐約市休息三個月後，去找我的客戶Magna總裁特允（Magna是加拿大當時最大的全球汽車引擎廠及原創設計ODM及OEM的工廠），參與針對40多家工廠總經理的領導力開發。第一課上的是公司願景使命憲法，第二課「找對人、做對事」，是用心理學的領導特質系統工具，由於我個人1985年即深入與演練榮格（瑞士心理學家、精神科醫師）的幾千個案例，在這一個月期間，喚醒了我想要從事的下一波事業「教育傳播」，一來是實現自己1978年的自我承諾，二來想要回台灣，與父親一起把「跌倒、卡住真愛的原生家庭功課」修好。

曼琳（最右）、媽媽（最左）及Magna（中）總裁合照

專注全力以赴　投資美國PDP領導特質

我一回台就將華盛頓豪宅賣了，全投資在使用「美國PDP領導特質」的國內第一期研發案例。當時在美國除了有10家研究所使用外，凡大的連鎖飯店及美國財星頂尖500大都有在用，加上我又學了「美國PDP的成功指標」案例，也看了美國50萬個對不同行業成功個性特質資料庫，因此非常信任，至今23年來，在大中華區近50萬人次做過，我個人也有10幾萬人次包括近2萬人次的研發。

回台第一年，在救國團主辦的活動上，有對全省高中領導學生抽樣數十位；後來1993年至2001年，因司徒達賢邀約一起於政

大擔任客座講師，針對企業家班與MBA數百位上課學員做特質診斷，從中發現學員個人自然本我及領導角色都有一致性，會創業與會唸書的人個性特質大不同，因此真的要了解自己的內在聲音與內在領導力，來找到生命的目的與熱情有趣的生活。

美國PDP在大中華區有世界頂尖500強與大陸500大企業使用，1993年到2001年先後在政大MBA班、企業家班與台北大學EMBA有PDP的領導風格講座，2002年起瑞士洛桑、香港科大與中歐的EMBA與MBA這些世界級頂尖研究所都有加入PDP系統教學在「領導風格」正式課程內，另外大陸名校EMBA班與總裁班如長江商學院、清華大學（北京、深圳）、上海交大、四川大學MBA班、廣西大學EMBA班及電子科技大學MBA班..等已將PDP加入研究所的課程內正式使用，美國地區也有10家研究所使用。

目前國內因出書或媒體專欄訪問，已做過「美國PDP個人領導特質」研發的名人案例如下：

政治菁英：朱惠良、李慶安、林義雄、呂秀蓮、施明德、馬英九、許信良、張俊雄、黃大洲、陳立夫、陳水扁、郝柏村、趙耀東、沈智慧與109位立法委員

經濟菁英：大前研一、王文洋、石滋宜、徐旭東、施振榮、殷琪、張建邦、胡定吾、黃茂雄、陳盛沺

文化菁英：王清峰、李鐘桂、朱德庸、李建復、金惟純、殷允芃、曹又方、范可欽、聖嚴法師、蔡志忠、

鄭淑敏、葉樹珊、郭吉仁、鄭村棋、司徒達賢

　　除對上述人物的研究外，2004年，我們也經由1111人力銀行的協助，與蔡豪立委和范可欽先生策劃共同完成台灣最大111位藍綠立委領導風格資料庫大調查。

第 1 章
內在領導力

▸ 領導力的15標竿

領導學之父華倫・班尼斯（Warren Bennis）為領導定義：「領導，就是帶領他人前往某個目標」目標乃指「指引方向的願景」，即領導者清楚知道自己行動的目的，同時具有堅持不懈的意志力。

領導力是去領導一群人或一個組織或擁有能力去執行領導的行動。領導力的風格雖有不同，但其內涵如指出方向、引導、權威、控制、管理、督導。領導也包括督導更多類的組織，如政府、如指揮交響樂團，具自發性、自信力、競爭力、整合力、影響力。

「領導力」的參考指標：

(1) 一位領導者應該有清楚的視野與願景知見。我們可以跟隨他合，且因他的知見會激勵我們並引導我們以達成實現那些知見願景與我們自己相關的目標。

(2) 一位領導者應該當一個榜樣角色而且時常遵照那角色去

做事。

(3) 一位領導者應該能夠認識狀況的改變而適應它。

(4) 一位領導者應該有同理心與瞭解力也能夠負責任有擔當。

(5) 一位領導者應該在他生活的各方面要誠實而且要有道德的行為。（這點在歐美，則對私生活並不是第一優先考量的因素）

(6) 一位領導者應該認識他追隨者的優點，然後無懼的也無偏愛的運用他們的才華。

(7) 一位領導者應該事先規畫然後選擇與培訓針對任務適當的人與繼承人。

(8) 一位領導者應該避免任用親戚，雖內舉不避親，但若核心專業不適合時，尤其要避免。而成功模式如新加坡：李顯龍其雖為李光耀之子，至今政績、人民福祉不斷提昇；蔣經國為蔣介石之子，台灣經濟建設、人民生活福祉至今仍未有其他領袖超過。

(9) 一位領導者應該不要怕自己做決定或採取變化或調整變化。

(10) 一位領導者應該有知識上的誠實與正直。了解自己的盲點不足，且知人善任、並以發揮「人盡其才」為職志。

(11) 一位領導者應該會激勵與領導我們達成我們的目標。

(12) 一位領導者應該統合不同意見的人民讓他們接受他的較大的知見與願景。

(13) 一位領導者應該時常保持有尊嚴的行為。

⒁ 一位領導者應該言行一致與有擔當、全責性的。重承諾（如"民無信不立"）、堅定力、無畏與永不放棄。

⒂ 一位領導者應該非常了解自己與很深的內在自信力。易覺知與接受逆境，並面對與穿越挑戰。

　　這15項為檢驗政治領袖的領導力與其視野、格局的重要參考。

　　在政治界領袖的「領導力」，第一優先是捍衛國家領土、百姓的安全與提升百姓的生活福祉，因此在政治界一般都有正式職稱以作其後盾，來執行領導。例如：《孫子兵法》執政者即獲得老百姓與士兵的支持，才能上下一致、同心同德，師出有名，獲得勝利。但若能不戰而使敵人屈服，才是高明中的高明即上上卦，此即為針對於國家層級的安全與防禦的領導力。

　　在企業界領袖的「領導力」，一般都以績效、利潤為企業的生存延續為第一優先，且真正以經營永續為使命的公司很少數，且既使以此為志而能達成幾希，但這15項指標若能擁有越多還是越好。而今企業界的內部領導者一般都根據職稱來授與權力去「執行領導力」。

　　在文化界領袖的「領導力」大多數都沒正式職位與職稱，金錢報酬更不確定，因此上述15項指標反而為長程志業的更重要修練，其報酬更深遠，並且是成為人生命目的與意義的「更深的挑戰」，這是「內在領導力」的探索，也是與「至真至善」的完全

聯結，上至思想家、宗教家、文學家、作家、藝術家至平民百姓，都以此為終身修練的志業。

▸ 個人人格特質與領導力的關係

　　人類具有一種本能，關心自我認識、自我了解、智慧、洞見力與自我領導的發展，開發天賦潛能變成為人類長久以來的追求。而其精髓雖來自不同文化、溝通、教育和哲學，其開發乃向內不在外，每人都有天生的「神性內在」聯結，只是忘了自己的真我。這不在技能也不在How to，是如何去發現與開發每個人內在的「真我本質」，且呈現在現實人生的「領導力」，讓自己由內而外言行一致。

　　人類乃追求意義的生物。**—柏拉圖**。

　　我不認為「內在的領導力」是能夠教出來的，但我們可幫助人們去發現並挖掘其自身所具備的潛能。**—約翰‧科特**。

　　「內在領導力」其實是一種藝術，如同發現自己內在真、善、美的本質，沒有任何一個人是一樣，且每個人都是獨特的，如同每個人生命的意義與目的均不同。

「內在領導力」只有向自己內心聯繫才可找到，凡有很深的大意願、即可得到啟發，如唐代玄奘，一無所有也能完成永恆的影響力。另外如流行音樂羅大佑的作詞作曲與歌手鳳飛飛唱的心肝寶貝，便能夠與所有母親與小孩的真愛至善聯結，而向內發現自我更深的真我本質，與最近齊柏霖導演的《看見台灣》記錄片，本身起始者也是實驗「內在領導力」的例子，包括影片中最後領導，帶原住民小朋友到山頂上唱歌的校長，也是來啟發這些原住民的小孩天籟聲音的天賦發揮。

凡此類比各行各業都有太多可以發揮與開發的空間，其本身即據有自發性的熱情，流露出真正的自信與自己內心至善真理聯結，因此也易取得人們的信任。此信任乃非職位頭銜地位可提供的，且無法向外求，或向別人學習或拷貝。

當今不論在任何領域，政治、經濟、文化都一樣，在公領域的工作事業、金錢，在私領域如夫妻、父母子女關係，其領導技能與有效的領導風格，都是可以檢驗有效的溝通與可以學習的，這也是提升「領導力」訓練與體驗的必要基礎。

而「內在領導力」卻是終身時時可由向內在「開發」的，且開發的越大，自我喜悅感、滿足感、自我成就感越大，也有更深無懼的自信力及其結果，使自己活出的更大生命意義生命目的又可貢獻人類。

　　越有深度且越可向內尋找與無限的開發，活出更有價值、有意義的人生。根據我自己23年「領導力」的專案輔導，發現與應證當你「內在領導力」不斷的開發與提昇中，你的「領導力」也同時一起提昇，且驅動力與自信及活力生命力能量將更大擴展，軟實力也如泉湧般源源不絕，因此其報酬實為深遠。

▶ 回歸「內在領導力」做領導

　　科技的發達，全球資訊的透明，無國界且更快速的漣漪效用，已使全球達到百花齊放，不分階級、不分宗教、不分年齡、不分種族、不分國籍，只採用「傳統的領導力」已無法有效的應對。這是一個破壞力很大的時代，如茉莉花革命雖推翻舊強人，但至今只有破壞而無建設，百姓的生活更苦。但這也是一個機會無限的時代，從另一個角度來看，人類素質可更快速的提升，這也是回歸對成為人本身的一個目的，一個全球覺醒的快速需求、新文藝復興時代的來臨。

　　事實上這種變動速度太快且漣漪太廣，已不是集中在傳統的少數金字塔頂端區域的領導上可全部解決的。公領域與私領域及社會上的各領域的自發性志工已在全球擴大，且在每個階層與每個角落。

　　如《改變生命》這本書，美國作者翠夏‧丹絲朵記載「音樂改變世界的奇蹟力量」，貧窮最悲慘的地方不在於缺乏食物住

所，而在於不知道自己是誰，沒有自我，沒有尊嚴，不被社會認同。而音樂給予了這些貧苦孩童尊嚴，自信與自我的歸屬感，音樂改變了他們的人生。

杜達美和委內瑞拉青年管絃樂團成立於1975年，三十多年來一直致力提供青少年與孩童學習古典音樂的機會，發展出上百個交響樂團，幫助窮苦家庭的孩子遠離毒品和犯罪，堪稱全球現階段社會和教育改革最佳典範案例。同理2000年英業達創辦人之一溫世仁提供公費電腦在甘肅幫助貧苦的小孩使用電腦與世界連線，也因此可幫助村內的農產品賣到歐洲與世界，而得到中國政府的尊敬。

美國甘迺迪總統說：「不要問國家能為你做什麼？問你自己可以為國家做什麼？」。而現今乃是：「不要問國家能為你做什麼？問你自己可為自己在生命品質上做什麼全球化大趨勢的轉變」，因此唯有自己有全責性擔當才有轉念生機，才能找到自己內心的羅盤，不論位階高低，都要找回內在的自信並獲得他人信任關係，才更有勇氣表達自己真心的聲音，不論任何人、任何年齡，包括小孩或退休與否都可享受終身開發「內在領導力」。

而我個人過去23年來，在實務及研究與輔導世界級企業高階主管，包括個人的公領域與私領域，及另外12年志業在擴大研究整合公領域與私領域生命教練的案例，我發現「內在領導力」才是領導的一切關鍵：

⑴**瞭解自己天賦特質**：在每日公領域與私領域中，不斷的開發自己的天賦自然特質，建立自信。

⑵**要向內發覺體驗「自己內在領導力」**，尤其在不順與挑戰越大時，要面對挑戰、接受與臣服，且內在神聖的自我要與自己內在不舒服連結，才可穿越生命的現實挑戰。在很順時，都要覺知的欣賞、感恩讚嘆周圍協助你的人、事、物，建立更堅定的自信心，當下隨時可與有機緣的人分享。

▸ 探尋「內在領導力」

　　探尋「內在領導力」，首先由每個人內心起，其優先次序為：**第一：真愛至善、真理、和平。第二：關係。第三：問題。**「如果你在生命中沒有某些東西，那是因為你真的不想要它，你更想要其他的東西。而你不見得會喜歡你要的東西，但是你只要把它放在第一位，你就會得到它」。（出自：克里斯多福‧孟）

　　因為當你沒把「真愛至善、真理、和平」擺在第一優先，你就會很容易卡在恐懼當中，即成為人生命現實中會有的三種原始害怕：如害怕被遺棄、害怕無價值感（被背叛、心碎、不被愛）、害怕無力感。因此即會養成兩種向外的兩大需求：需求被外在的肯定重要感、需求被外在肯定的歸屬感。

　　長久下去會忘了內在「真我本質」（真愛不憂、智慧洞見、無懼的勇氣、有信心的力量與富足的價值感），而當忘記真我本質會習慣性的卡在恐懼當中，如害怕失敗，因此在現實的人生中即製造出「8大問題」：**1.金錢問題 2.工作事業問題 3.原生家庭**

問題 4.**親密關係問題**（包括夫妻和子女） 5.**人際關係問題**（包括上司及屬下與同事） 6.**自我認同問題**（包括自我形象和自我概念） 7.**成長道路問題**（如人生方向、生命目的、對與錯及向外的追尋） 8.**健康問題**（包括生病與面對死亡問題）。並且在挑戰中還自我安慰，拖延下去反而使問題越滾越大。

這些問題考驗發生時，應提醒自己回到第一優先的時刻覺醒，並同時接受與真愛至善、真理、和平連結，當下時刻不要習慣性的自責或有罪惡感卡住。即使與親人的關係，都要回到與真心連結，放下自己個人的角度，否則卡在論斷、抱怨…等情緒內更易迷失！（來自：克里斯多福‧孟的工作坊中體驗的啓示）

根據我個人的實踐體驗，不管你目前幾歲接觸此訊息，只要你內心願意修正習性，就能活出真愛至善、真理、和平的人生。即使長期下來，很容易忘了，但透過每日當下的覺知，對於發生在自己身邊的人事物或面對外在環境時，能懂得慢慢放鬆並轉回與自己內在的神聖（成為人都擁有）完全的連結，長此下去就會漸漸成為新的自動行為，如此更易打開心門，欣賞、讚嘆、感恩發生在自己周圍的人事物，並帶來奇妙轉化與生機，且內在的和平感會不斷擴展，屬於自己人生的天賦與真我本質的禮物會更輕易來敲門，也更容易接受生命8大課題的挑戰，且每次卡的課題會在不斷的自然去面對與臣服接受中慢慢的在無形中消融。

▸ 覺察「5種光環」的角色陷阱

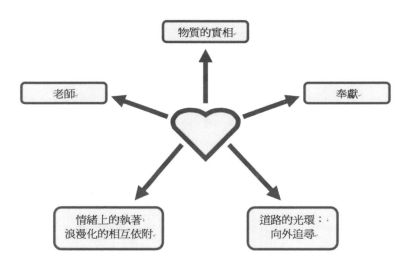

5種光環的角色陷阱

在發掘「內在領導力」的過程中，我發現很容易與我們從小
生長的背景有關，我們從小希望有個自己以為的幸福家庭該有的

圖像，或如影片中我們所認同的美滿甜蜜家庭的形象而掉入角色扮演中的人格，因而不合乎真愛真理，但變成習性與個性，因此長大後常感覺徒勞無功、能量耗盡而氣餒，忘了真正生來時「我的本質」。

正如克理斯多福.孟提到人在成長過程中很易掉入「人類五種光環」的角色建構，在幻象內不真的需求，如其底下包裝著如歸屬感與重要感或被肯定感的需求。包括：

⑴**物質的實相**，如對數字（8888即代表發，豐富）、風水、藥，相信只有這些才是有力的，忘了自己也可同時由根本愛護自己，或只相信科學而對自己完全失去信任…等，因此完全依賴外在而忘了此時也是由自己根源建立的時刻。

⑵**情緒上的執著**，如浪漫化的相互依附，不懂只有放下才能進入真實的伴侶關係。如原生家庭，小時侯對家的夢幻，在家中扮演取悅者、英雄、隱形小孩，代罪羔羊、烈士、問題小孩的角色，因而扭曲壓抑「真我的內在本質」。

⑶**奉獻**，自己情緒喜怒哀樂的起落乃是依靠對家庭虛偽的忠貞，而將父母的喜怒變成自己的責任，另外如對宗教及其儀式的忠貞，而失去覺知。真愛乃是無條件的，靈魂乃永恆的，沒有特殊性與條件性，凡不是發自於真心而卡在角色上的應該扮演，造成本末倒置。

⑷**老師**，如學生心中永遠自認不足老師，忘了自己同時也可以向內探尋直接經驗與真理的機會，反而變成崇拜老師到無以附加的依賴老師。

⑸**道路的光環**：向外追尋如生命目的與意義及自我認同，「我究竟是誰」認為答案永遠得依靠外面，外面總會有比我內在神性更好的答案，不信任自己且信心不足，很可能被現狀過大的挑戰卡住而迷失了。

上述5種光環一旦養成習慣後，長大後自然也在公領域與私領域都會習於如此的角色而不自覺，因此好奇心、創意創新、自發性及活力下降。

當覺察自己有上述狀況即是覺醒時刻，此時只有誠實的向內直接體驗或接受與內在不舒服的害怕連結，直到感覺和平不舒服的能量消融時，純能量擴展可發掘更多更有力的自信「內在領導力」，信任、和平、真愛真理假以時日將會如泉水般的自然湧出，活力能量也更淨化洗滌新生。

探尋「內在核心真我」
開發「內在領導力」

　　不論我們現今幾歲，成年期人生所有問題，不管是金錢、工作事業、感情或與人的關係，背後都有我們自己童年期的舊創傷。

　　我們藉由觀察小孩子在出生後的嬰幼兒時期最明顯，頭幾個月呈現純真無邪，吃飽喝足在媽媽懷裏的單純喜悅與滿足安全感，而餓了就會很無助、無力的哭叫，直到被注意到且需求即時被滿足才停止，又立刻回到吃飽在媽媽或爸爸懷中的滿足喜悅表情，如此直接又不用修飾的表達，呈現天賦本質對周圍人和事物環境的無懼與好奇心，直接反應在表情及手足好奇想要去接觸，這一切都是不需思考分辨的直接反應。

　　而在慢慢長大到七歲的過程中，小孩肚子餓了，爸媽或者周圍的人沒有注意到，只能用抗議行為如哭鬧，來表達自己的無助與無力感，若還是沒被發現，即會產生挫敗和受傷、不被愛的心碎感覺，而累積此記憶的受傷情緒，在七年中即形成內心的兩大向外需求，需求被外在的肯定重要感、需求被外在肯定的歸屬

感。

　　同時也為了適應外在的現實環境，會自動將自己脆弱層掩埋，且戴上個性的武裝盔甲，而形成在社會上生存的更硬防衛層「面子」。

　　此不論是東方人或西方人，這都是人類成長時共有經驗與過程。不論任何社會的地位或物質的成就如龐大的財閥、軍事、政治團體、宗教團體，都是有共同利益的結合而成為更大、更厚、更強硬的防衛層，如鷹派、鴿派、主流派、非主流派都是有共同認同才有重要感與歸屬感。

　　當覺察這些，即要自己個人全責性擔當，由自己的最外層面子向內直接進入自己身體的不舒服處，同時要完全放鬆全身，深深誠心邀請「內在神聖」進入身體，並閉眼在深深的吸氣吐氣中，當下將手放在身體不舒服處，安撫並耐心等待不舒服的感覺消融，並釋放出口與「內在神性觀照者」連結，直到整個人感覺寧靜和平。當更多的直接體驗，自然會感覺內在的力量、信心、智慧如泉湧般的一起釋放擴展出來，且活力能量也自然的湧出。（如「溝通圖」的流程。）

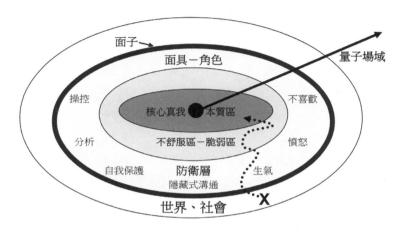

「溝通圖」出自：克里斯多福·孟

　　如此直接體驗，將自己成為人的「生命目的與意義」呈現出來。經我研究45年傳記，覺察古今中外不論為那一行業的傑出者，其「內在領導力」都是在生命不順、卡住時因不放棄自我，才會如礦石般閃耀釋放並開發出「真我本質」與找到成為人的「生命目的與意義」。後面將會探討政治、經濟、文化各領域的名人典範案例。

從5種領導類型動物
看見古今中外成名人物特性

　　在台灣23年已做「領導力-美國PDP特質問卷」約20萬人數，大陸區2000年至今14年已做約30萬人數，因此總共約50萬人數。1992年我將美國PDP特質領導的5種動物與古今中外成名人物整合，從中不但可與古今中外人物的智慧連結，也可增加「領導力」學習的價值，其研究如下：

一吼天下驚，百獸之王的——老虎型領袖

　　老虎型領袖特質：此特質佔人口比例15%，且為先驅導航型的人，支配性高、對周遭環境採取主動、控制慾強、創新、冒險、決策力高、發號司令。

　　老虎型領袖人物：如華盛頓、鄧小平、毛澤東、居禮夫人、「鐵娘子」柴契爾夫人、宋美齡、賈伯斯、比爾蓋茲、巴菲特、兒童教育先驅蒙特梭利、聖女貞德、希拉蕊、賈桂琳、海倫凱勒、武則天、俄國

女皇凱莎琳、兵法家－孫子、法家－韓非子、魏徵、漫畫思想家蔡志忠等都具有老虎特質，他們在科學、政治、教育等不同領域都有不同的建樹。

愛現愛說、人群明星的──孔雀型領袖

　　孔雀型特質：此特質佔人口比例15%，也是另一種先驅型的人，高表達性、外向，善於交際，表達無礙、交友廣闊，注重人際關係、性格和善愉快、同理心強、與高感性外表絢麗的孔雀一向為眾人讚賞的焦點，身為孔雀型人物的領導者也多以出色言談、風度、熱情洋溢態度，在世人心中留下深刻的印象；而同理心甚高、也較突出的孔雀型人物，十分適合從事人際導向的工作，尤其在一個推動新思維，需要大家認同的時刻與環境中，表達性高的孔雀族群非常易於脫穎而出，成為登高一呼的領袖。

　　孫中山先生、美國總統－雷根、柯林頓與歐巴馬總統、教育思想家－孔子、世界第一夫人羅斯福夫人、英國的黛安娜王妃、巨星奧黛莉赫本即是代表性人物。

平和近人、耐心堅定的——無尾熊領袖

　　無尾熊型特質：佔人口比例20%其中大多為「重視紮根與守成」的特質，高耐心、注重和諧、友善平靜、不自私、平易親切、誠懇、可信賴、和諧、很好的聽眾；但只有1%人口為開創先驅。無尾熊是一種溫和遲緩、友善和平的動物，和支配性高的老虎型比照之下，似乎較不易成為統領的領袖，但研究中外歷史，身為無尾熊型的領袖卻也不乏其人，而此種領袖正式以其耐心、毅力展現另一種不同的領袖風格，適合帶領中長期的規劃。

　　無尾熊型的領袖人物中，較為著名的便是老子、曼德拉、現任教宗方濟、蔣經國總統、李安導演與鼓吹不流血革命的印度聖雄甘地。相較於多數國家的流血抗爭，甘地悲天憫人兼具愛好和平的個性，使他一方面有感於印度所受不平等待遇而起義，但另一方面卻力推和平作風，以此為通往獨立自由的途徑，而其耐心的特質，也終能在長年平靜抗爭後開花結果。古今中外的知名女性中，德蕾莎修女、宋慶齡、唐太宗的長孫皇后就是典型的無尾熊型女性。他們對生活要求儉約、樸實、簡單，喜歡反璞歸真，無尾熊型其中百分之九十五（即佔19%人口）個性傳統而保守，是最佳的內務事務功能管理者。

要求精確、傳統本分的──貓頭鷹型領袖

貓頭鷹型特質：佔人口比例20%重視紮根守成的特質，高遵奉性、講求精確、要求品質、技術導向、按部就班、傳統、完美主義、拘謹含蓄。

最為人所知的便是包青天包公與西方的教宗保羅。通常貓頭鷹特性的人物都較為保守，不喜歡變動，多為成功人物身旁的左右手或技術官僚等，雖然較欠缺開創性，但從另一角度來看便是規矩、有原則，講求程序正義的個性，而包青天能不畏強權、為民申冤，這也是他之所以流芳百世的原因。

貓頭鷹個性的人因具精益求精的特質，也多屬理性的智慧追求者，固傳統士大夫、現代法官、律師、會計師、精算師、建築師、醫師等需要高專業、高知識、高精確度的職務，或專業事務所等主管多見此種特質的人，開創度相對較為不高。

葛莉絲凱莉是貓頭鷹型女性；日本民族是很典型的貓頭鷹型民族，尤其是明治天皇皇后的花道、茶道等更是澈底的發揮貓頭鷹特質，而日本人的太太也大多在扮演貓頭鷹的角色，在家事處理的一絲不苟就是最好的明證。

天生多變、適應力強的──變色龍型領袖

變色龍型特質：佔人口比例30%中間特質，極具適應力、協調性及配合度皆高、性情中庸、沒有原則便是最高原則、迴避衝突、計畫周詳、是天生的外交家。

變色龍一如其名，其迅速反應外在變化的特質最為人稱道，而具變色龍型特質的領導者也具備了極具適應力、生存力、韌性高的特質，在團體中頗具整合能力，同時又具無我的精神，通常以迴避正面衝突為其最高準則，可說是天生的外交家，中國歷史上著名的諸葛亮、劉伯溫、張良、范增與美國總統老布希、卡特總統皆屬此等人。

同為老虎型的變色龍助手－毛澤東的副手周恩來與尼克森的親信季辛吉相較之下便屬高開創性的變色龍，這種類型的變色龍通常較需開創性也高的領導者才能將其推動。李登輝時期，派到香港與大陸談判的密使鄭淑敏女士，與當時唯一鬥贏李登輝而有辣妹之稱的救國團主任李鍾桂女士都為整合型人物。

另外在媒體已公布或接受正式採訪或已出書的政治、經濟、文化的知名人物如下：（以下特質圖表，支配性最高＝老虎型、表達性最高＝孔雀型、耐心最高＝無尾熊型、積極性最高＝貓頭鷹型、所有指標在1/2格內＝變色龍型）

政治人物－陳立夫：圖1是陳立夫先生95歲做的，是資料庫最年長的歷史人物，為「整合型特質」，是最好的安全談判角色。兩次歷史事件第一次將人質蔣經國從莫斯科迎回；第二次與宋美齡去西安，運用他的談判技巧將人質蔣中正安全迎回。其「天賦才華」變色龍的整合型特質，與穩健的執行任務周全的特質，以及擁有高敏感度的決策特質，對臨場的應變即時反應，因此完成重要歷史任務。

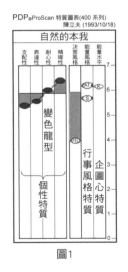

圖1

政治人物－郝柏村：圖2是郝柏村在離職後，針對過去三個月還在做行政院長的角色。個性特質是真心想做好，為承上啟下的整合型角色，努力用盡心力並根據大量事實資訊以確認決策品質的正確性，且耗用精力能量健康，代表對自己角色在過去三個月扮演很務實也很滿意，在我訪問中，了解其對出將入相，是當時他很有意願的表現舞台。

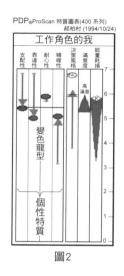

圖2

政治人物－施明德：圖3是施明德當時和紅衫軍以口號「我們正在寫歷史」動員知識份子出來，以和平號召，最後卻又鬥爭的特質收場。施明德的自然本我天賦特質，由於老虎型與無尾熊型幾乎一般高，因此得常自我溝通優先次序，不然兩個都想要。

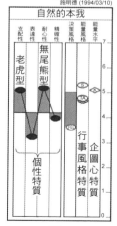

圖3

政治人物－陳水扁、呂秀蓮：圖4陳水扁、圖5呂秀蓮透析正副總統人格特質與領導風格，兩隻老虎進駐總統府，誰支配誰？

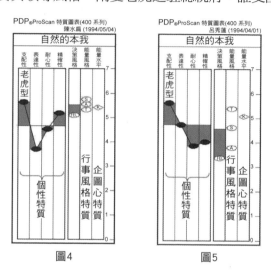

圖4　　　　　　　　　　　圖5

政治人物－呂秀蓮：圖6呂秀蓮要成為第一位女副總統。其工作角色內在努力的在扮演和諧的無尾熊型，但花了兩倍的精力能量在扮演此「支持角色」，因此對自己表現的成果有一點不滿意，認為沒達到「自己的目標」。

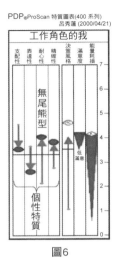

PDP®ProScan 特質圖表(400 系列)
呂秀蓮 (2000/04/21)

圖6

政治人物－馬英九：圖7馬英九於1998年競選台北市長選前10幾天，由東森電視新聞報導，其個性特質為老虎型，即自然本我是自信的原創者、創新的、自我肯定的、明確的、有決斷力、堅持的，對外溝通是好深思、顧慮周到的、重隱私、富有想像力且注意和諧人際關係與中長程任務規劃有序的運作，為思想開闊而有彈性的先驅者，決策風格特質重感覺重互動與敏銳的，工作行事風格有謀有略，又重實務與實戰的最高爆發力指標、考量管理周全特

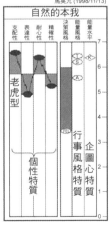

PDP®ProScan 特質圖表(400 系列)
馬英九 (1998/11/13)

圖7

質，企圖心能量超高，擁有驚人的能量，也具有處理持續，且繁雜性的心理能量，由於其對外角色習於以「無尾熊」型特質，因此被外界認為只有「溫、良、恭、儉、讓」。

政治人物－林義雄：圖8民進黨主席林義雄個性是老虎型特質，決斷力高、自信的、創新的。有原創力、重隱私，急性朝氣活潑的機動性強，快速度應變的先驅者，決策特質是均衡型的，重感覺與事實各半，行事風格謀而後動、也重實戰的管理周全特質，企圖心能量（是變動的）做問卷時特低，此因正在轉型且剛宣布退出黨主席等待交接工作，並下一步走自己的路的盧梭主義。

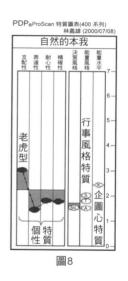

圖8

結論：李登輝、蔡英文與蘇貞昌雖未填PDP問卷，但經研究分析他們也都是老虎型，在政治領域權力舞台上目前還是都會主動的爭取，因此在台灣目前還是老虎型爭上舞台發表自己主張的時代。

政治經濟人物－趙耀東：根據趙東耀「內在領導力」的價值觀，顯現三大角色特質與自我滿意度耗損能量。中鋼角色如圖9，工

作角色乃花八年在教導與建立中鋼成為世界的中鋼。中鋼的理念是孔雀型特質,在決策過程中收集大量事實資訊以確認決策品質的正確,對自己努力成果很滿意且精力使用健康。

圖10為他退休後,在社會大學分享中鋼成功案例的教學角色,也為他人生的第二志願的舞台,教導中鋼成功案例,決策特質收集極小量資訊以確認決策品質滿意度平均,精力使用健康,且達成自己想要的目標。

圖11為太太病重時的丈夫角色,為貓頭鷹型的盡忠盡力,是照顧老婆有愛心的丈夫,努力收集資訊以確認決策品質的正確,用超過全職工作的耗損能量,對自己過去三個月的丈夫角色,自我滿意度平均。

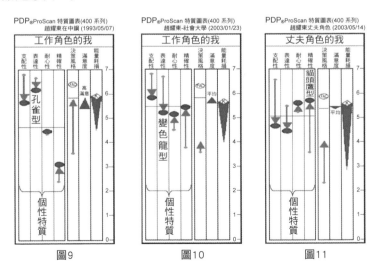

圖9   圖10   圖11

經濟人物－施振榮：工作角色如圖12，在企業組織定位與制度建立與願景的宣導，為孔雀型的個性特質，用掉正常常態的精力，但認為自己還未達成自己努力的理想目標。

父親角色如圖13，超過常態工作精力兩倍，確保自己是個會溝通又會傾聽的合作和諧無尾熊型，並努力收集事實資訊以確保自己的決策品質，但對自己做父親認為未達成自己目標，滿意度低。

丈夫角色如圖14，扮演傾聽和諧的無尾熊型老公與收集正確決策品質整體精力使用超過，但希望自己的表現能更好，有一點對自己表現不滿意。

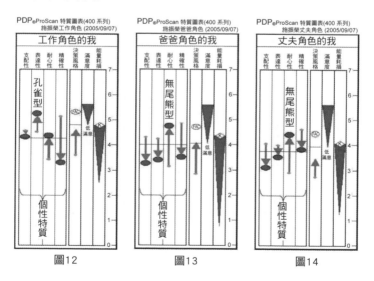

圖12　　　　　圖13　　　　　圖14

經濟人物－大前研一：圖15大前研一為日本人，全球孫子兵法的運用管理大師，原為世界財星的80大企業麥肯錫企管顧問公司最大股東與其企業在亞太地區最高決策人，也是「M型社會」趨勢的作者。其天賦特質是很會宣傳自己理念的孔雀型，宏觀策略者與啟動先驅者，高企圖心，穩健決策的行事風格為工作時的特質，是開拓型臨場感最強，但規劃力與後勤作業較弱

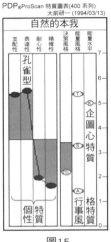

圖15

文化人物－聖嚴法師：圖16聖嚴法師一生志業為推廣「漢傳佛教」，是主動的老虎天賦特質，但所著作的論述又具有高度的精確性，因此是老虎與貓頭鷹的雙重性格，想要大又要精準的個性，特質乃敏感型的人，重要決策依賴與當事人互動，行事風格是管理周全的特質，重視前後場與管理面都一起來，企圖心高。

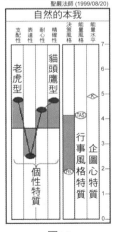

圖16

文化人物－范可欽：圖17范可欽社會運動的先驅者，看到2014年3月30日的學運，黑衫軍「反服貿」與反黑衫軍「反反服貿」的白衫軍遊行，我想到2006年的社會運動，當時紅衫軍的氣勢，廣告奇才范可欽曾替最年輕的領袖陳水扁用「鐵漢柔情」塑造領袖形象與設計紅衫軍百萬人動員總文宣「我們正在寫歷史」號召所有「知識份子與中產階級」出來的「禮義廉恥」反貪腐運動。范可欽個性特質是老虎型的大開大闔特質，任何對其可言有意義的他都會成為「先驅的推動者」，是勇敢的、直

PDP₀ProScan 特質圖表(400 系列)
范可欽 (2002/02/28)

圖17

接的、有遠見的、有創造力的、敢冒險的、敏銳的、分析力的、堅持的、競爭性強的、有決斷力的、明確的、強迫的、自我肯定的、創新的，並不受拘束、愛冒險非傳統，所以組合成敢作敢言的個性特質，另外具有非常的敏感的直覺反應與決策特質，行事風格能量為爆發力最強，一旦啟動後即會進行到底直到完成任務的「開拓導航者」。

　　23年來我先後研究政治、經濟、文化人物，共完成的著作為《真相-喚醒內在領導力》、《五型領導者》、《透析跨世紀－成功領導學（文化、經濟、政治）》、《如何心想事成》、《天生領導-做各全方位的領袖》、《透視女贏家》、《掌握成功的關鍵》、《成功軌跡-中外領袖領導特質大剖析》。

　　由於上述數十萬的領導力與領導特質資料庫,再加上針對企業高階領導公領域與私領域教練二十年多的執行,我深悟進入「內在領導力」的人生會更有生命力、創造力、喜悅和自由。因此我自2001年後至今,即由「領導力」進入到更深的「內在領導力」教練引導與探索研究與體驗。

第 2 章
內在領導力
的典範啟發
——政治篇

▶

▸ 曼德拉的和解精神

在曼德拉的葬禮中,出席的全球領袖與貴賓打破紀錄創新高,如美國前後任總統都列席,包括歐巴馬、柯林頓、卡特、老布希與小布希總統。

歐巴馬哀悼談話,我和成千上萬的人一樣,把曼德拉當一生榜樣,要不是因為有曼德拉的鼓舞,我無法想像自己的人生會變成怎樣。諾貝爾和平獎得主翁山蘇姬說我們因他改變世界,沒有人因為膚色,出生而受差別待遇,我們也有能力改變對世界的看法。

曼德拉在1990年2月14日被宣布無條件的釋放,有記者問他:「人們說你已浪費了27年在獄中生活!」曼德拉回答:「對政治人物我們最重的是用生命捍衛的價值,是否能夠存留?最終能否實現?而現在由我看來,我看到這27年我們所有犧牲付出沒有白費。」

1990年南非白人溫和派的戴克拉克總理宣布曼德拉無條件釋放，已73歲的曼德拉對全南非人以及在場媒體，他宣布自由和正義之路是不可逆的，我的一生為自由發聲，是你們的掙扎，你們的承諾和你們的紀律與耐心，讓我重獲自由，所以今天能站在你們前面。

在1964年被判無期徒刑，曼德拉自辯文，我希望南非變成一個自由民主平等和諧的社會，應當一人一票、政治平等權且結束白人種族隔離政策，我為此理想而生，願為此理想而死，1990年重獲自由，也再次重申此陳述。

出獄後曼德拉選擇寬恕放下仇恨，說我若不放下仇恨，我則還在獄中，我已走出獄中，我已遠離仇恨，南非也必須如此。並提出將你們的大砍刀扔到海中，捨棄暴力，我們在下一階段，提出治理國家的折衷和平方案。

1993年與白人總理戴克拉克共同為和解努力而共同獲得諾貝爾和平獎，且同一時期戴克拉克在法律上定下一人一票，由於南非白人人口低於25%以下，使得1994年曼德拉獲選為第一位黑人總統，在位5年期間，為外人投資最大、就業率最高、政府最清廉的國家。加上白人治理期間，法制上百年基礎穩定，及戴克拉克願意降為老二協助輔佐曼德拉，20年後今天，每個黑人都認為自己被尊重。

　　他的婚姻家庭風波發生在1992年，4月13日宣布離婚（此乃第二個婚姻），由於前妻公開背叛外遇，也是曼德拉此生最難堪的離異，連世界各國的記者全都大吃一驚，但曼德拉宣布我和我妻子分開沒有指責，我希望你們有耐心與理解我所經過的痛苦，也希望你們理解他的痛苦，放下仇恨，不論是個人或國家，曼德拉深知若停留在仇恨，南非與他自己將會一無所有。

　　1998年80歲的曼德拉有了第三次的婚姻，直到2013年12月5日逝世，是他這一生最美滿的婚姻生活。死後的遺憾是第二次婚姻的子女們爭名奪利，因而最後幾年混亂不平靜，這也是在獄中27年無法付出家庭生活不可避免的結果。

當代偉人曼德拉的啟示

　　12月16日是南非大和解國定假日。在1836年白人正在南非這土地上與黑人激烈戰爭，白人向上帝許願若打勝將定此日為誓言日，即當時的英國人、荷蘭人、法國人在南非的農民們與上帝的約定，每年當日是白人贏為榮耀上帝的日子，而當日也是黑人打輸的日子，還好當時曼德拉還未出生，也好在他未死於獄中，任總統後落實大和解精神，此日變成黑人與白人都平等的大和解日。

　　曼德拉是當代偉大政治領袖典範，在他有生之年，落實黑人與白人的和解，人生而平等的精神。他說：「要保持樂觀向上的

思想，那就要心中充滿陽光，永不停止！」

我想起2009年的聖誕到南非度假，當時正放映電影「Invictus」（台灣譯打不倒的勇者，大陸譯成事在人，香港譯不敗雄心）。該片講的是1995年南非舉行世界盃橄欖球賽期間，總統曼德拉如何與國家橄欖球隊隊長法蘭索瓦·皮納爾同心協力，聯手凝聚國人向心力，讓剛擺脫種族隔離制度不久而面臨分裂的南非能夠團結一致的故事。曼德拉信任運動具有改變世界的力量，具有鼓舞的力量，具有使人民團結的力量，這種方式堪稱無與倫比，他是有智慧又瞭解人性且會鼓舞人心的偉大領袖。

由曼德拉的實例，使我回想1988年在紐約看的中國電視劇「國殤」，它促使世界華人知識菁英都在探索，中國人自八國聯軍受辱至今自信心仍未重建，直到經過鄧小平的貓論、2008年的主辦奧運以及近30年全民發展經濟建設，中國人的自信心才提升，因此有充分的意願建立更清廉的政府，與效法新加坡李光耀領導的典範，富庶經濟與貧富的社會正義，住者有其屋，落實百姓安居樂業。

▸ 歐巴馬的身份認同與美國夢

現任美國總統歐巴馬，2009年就任是美國歷史上第一位非裔美國總統，他同時擁有黑白混血血統。父親雖生活在穆斯林回教區，但並不是回教徒，他本人是追隨母親信基督教，而在他2歲時，父母親離婚了，他被母親及外祖父母（白人）養育成年，他繼父印尼人是回教徒，因此他隨著母親和繼父在印尼生活了4年。所以美國總統選舉期間，即主張對所有宗教和平，不同宗教雖念不同經，但都有共同的真理，他認為人民不能因信仰不同排斥異教徒，認為「宗教信仰」的力量能將人民團結在一起，並能給人們帶來幸福。因此當選美國總統對中東政治做出重要決策時，不會偏袒以色列，並對伊斯蘭教的中東國家釋出善意。

他是美國哈佛法律博士班最優秀的學生。1990年29歲，是第一位當選《哈佛法學評論》社長的黑人學生，《法學評論》是世界最有權威的法學雜誌，當時即應邀開始撰寫自傳，1995年34歲，出版《我父親的夢想：歐巴馬回憶錄》內容是其青年及早期成長的回憶錄。這本自傳的回憶錄寫的很精彩也很感動，寫出他

在青少年時期，為何在「社會的認同」與「自我認同」中迷失自己，在27歲，父親往生後，他決定去父親的原鄉非洲肯亞，在墓前與父親對話，面對了對父親與爺爺的困惑，並接受一生的不如意感，全然接受「生命的安排」與祈禱直到內心和平，他不再有丟臉感，也找回「我是誰」的自我認同感。在面對了「自己身份認同」消融後，在工作事業上，決定回到芝加哥，在黑人底層社會最大的社群從事律師。由於他雖是黑白混血，但外形上全然像黑人，因此認同自己是黑人，決定以服務黑人社區做人生出發點。

「自我身份消融」：向內與真我本質連結

　　而天賦特質在20歲時已在公開場合對群眾演講，和聽眾建立關係並展現出色的領導力才能。此後對傳達訊息和表達想法的文字更努力，也覺得自己有把握在關鍵之處打動群眾，並對自己表達能力充滿信心，可改變貧民區孩子的生活，還可改變自己在現實世界的無力感，他由小至近30歲其實生命過的很坎坷。

美國夢：道路

　　46歲正式宣布投入總統大選，34歲出版的書也立即變成最暢

銷的政治人物自傳，尤其由逆境中奮鬥成功，具有啟發性與勵志作用，而從小注重教育的母親對他深具影響，讓他從初中到大學以及研究所，都唸美國最好的學校，受最好的教育，才有今天的希望人生。

生命中三個女人影響他最大－母親、外祖母和妻子。尤其是母親，要面對一個尊嚴和被奴役的抉擇、公理與沒有公理的抉擇、承擔和推卸間的抉擇、對與錯的抉擇，他的演講很得到肯定，也發現真誠的自我可以成為一座橋，連結了其過去與未來，包括他從14歲到18歲嗑藥，因為茫然與徬徨，不想面對自我與不知道我是誰的身分認同而迷失了，他在12歲時聽到他親愛的祖父無意間與他抱怨他祖母很怕被黑人騷擾，歐巴馬印象深刻，他說我的肚子好像挨了一記拳頭，成長過程成為黑人，心中的被遺棄感被挑起，但又對祖父母為他犧牲這麼多感到內疚。

歐巴馬為美國立國以來演講最精彩的總統，尤其對美國的願景與歷史，而因長期在芝加哥服務基層民眾，所以很懂得他們的語言，因此可與各行各業的百姓心連心，是一位貼心的總統。由於他作為世界最強大軍事力量的美國領導者，且為美國總統任內唯一向穆斯林國家表示友善的美國總統，因此挪威諾貝爾評審會將2009年的諾貝爾和平獎授予歐巴馬，希望他可帶給全球和平的希望，他也是美國第一位在任總統不到一年即得到諾貝爾和平獎。

成為美國總統：大格局事業上「領導力」挑戰

小布希時期因911事件後，參與伊拉克的長期戰爭造成國債極大，及2008年的華爾街創造的美國本土與全球的金融危機，因此2008年歐巴馬將完結伊拉克戰爭及實施全民醫療保險制做為競選綱領振奮士氣。

他參選時為47歲且參議員當過11年，競選時主張自己沒有華盛頓政客的官僚習氣，會將希望、活力與朝氣帶入華盛頓政府，帶給官僚體制變革，他會引領國家團結而不是現今已分裂成紅色共和黨和白色民主黨。

他說服將帶領美國人希望「Yes We Can」，由於他在先前2004年的美國民主黨全國代表大會上，發表的主題演講已成為知名政界人物，且在伊利諾州的參議員與芝加哥服務聲譽很好，還奪得羅伯甘迺迪民主黨內大老的支持，再加上他很懂與年輕人用社群網路和電子媒體溝通，而婚姻生活一直無外遇醜聞，並有電視台名主持人歐普拉與影星克隆尼的大力支持，最後異軍突起以黑旋風氣勢打敗希拉蕊代表民主黨選總統，是所謂的「時勢造英雄」。

「領導力」執行力與說的距離太大

在歐巴馬執政後「領導力」有幾次危機，墨西哥防漏油事件

為他就任以來最嚴峻的挑戰，嚴重性及後果比小布希執政期2001年的911還大。乃為美國有史以來對美國各州生態環境最嚴重的災難，而他對危機反應太慢，且不會有效運用身為美國總統職位的權威與資源即時面對處理危機，以致拖延太久，造成全美國人無力感與挫敗感。民眾也對其「領導力」質疑與滿意度下降，創下支持率新低。

在第一任總統期間，政府行為與民眾生活脫節，振興經濟不力。醫療法案一直未通過，直到2012年第2期選上後才通過，他在知人善任有很大瑕疵，執行專案團隊的能力不足，因此執行不出結果，且對經濟也提升不了，在選前一個月還是大力靠民主黨前總統柯林頓的有利演講，點出經濟問題是因為小布希8年任內的洞實在太大，因為柯林頓是美國繼羅斯福總統二次戰後最有績效的總統，所以歐巴馬得以順利連任。

他與柯林頓領導風格特質上都為孔雀型特質善於溝通，建立團隊及鼓吹。歐巴馬的個性特質與柯林頓很近似，口才流暢的、說服力強、引人興趣的、有趣的、反應敏銳的、喜歡透明溝通的、非常活躍的、有朝氣活潑的、缺乏耐心、機動性強、尋求改變的、快節奏的、有自信的、非傳統的、有彈性的、避開細節、愛冒險的自由思考者，而決策特質是本我的反應與重視內在的直覺，行事風格爆發力指數最高、臨場感強、高度的內在導向，即會自我發動但策略企劃力其次，完全靠宏觀臨場感後的規劃回應，其能量水平乃有無盡能量可以完成很多任務。

由於他當總統前的歷練在底層扎實，但在高度與大規模班底的領導力歷練幾乎沒有，且參議員的內部團隊規模很小，不像柯林頓在擔任州長的十年經營團隊領導力的歷練已養成，因此在經濟變革的領導力力量差距很大且很弱。

　　競選總統時，他雖很會鼓吹願景，建立美國百姓對於提升經濟與就業的士氣與信心，但在實際任職總統後，對於團隊的「知人善任、人盡其才」上一直不力。雖很有理想，如他說若無曼德拉總統的啟發他也沒今天，他一路感謝金恩的奮鬥與林肯總統在憲政上的平等、自由、民主和正義原則的典範，可是對於美國如此大的國家，在政府運作上的領導力落實的不足，如近期美國聯邦政府關門事件沒錢付公務員，更顯得他壓不住本土政局。

面對與接受自己的「內在脆弱不足感」

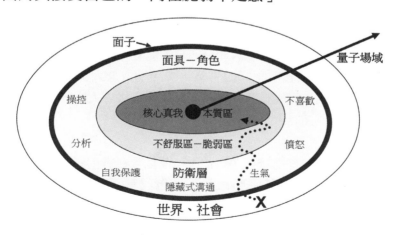

消融「內在脆弱不足感」溝通圖

　　歐巴馬在任至今，仍無法領導美國走出社會、經濟與政治的危機，無法吸引並找出有效又有啟發總統職位的行政管理團隊，也因此無法對美國以外的全球問題，做到有效的解決。

　　內外兼備的領導者如曼德拉，擁有「領導力」與「內在領導力」，而歐巴馬目前展現只為普通「領導力」層級的領導者，因此由2008年危機到目前，「領導力」使不上勁。福布斯（FORBES）雜誌2013年10月公布世界最有影響力的名人榜，世界經濟軍事政治強權第一名的美國領導人歐巴馬反跌至第二名，而坐上首位的乃是近期在全球國際事務上多次跟美國唱反調的俄羅斯總統普丁，第三位為中國國家主席習近平，第四位羅馬天主教方濟，第五名德國總理梅克爾且為唯一女性。

　　他的事業格局，因內在無法欣賞社會頂尖級及中高階層的專業菁英人才（共和黨白人群），無法像柯林頓一樣整合中間有效經濟路線。因年輕時期的不如意人格面對外在世界論斷，由傳記中顯示，他在唸哥倫比亞大學時，住在紐約，他只看到貪婪的金融華爾街資本主義與犯罪的誘惑，看出他對最大都市紐約的偏見，因而成為美國總統時，無法看到紐約是世界人才菁英的聚集地。

　　此時在第二任總統任內，他人格面侷限在看世界為二元化，得先向內接受自己不完整感與了解自己真正是誰的「身分認同」，當個人族群成見消融，即能有效將經濟體系的人才加入內

閣團隊來執行，才能重振美國經濟及提升就業率，並有機會整合共和黨的專業菁英人才，創造美國經濟新的機會。（如「二元化消融圖」）

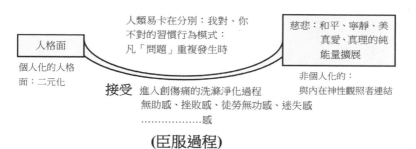

二元化消融圖

柯林頓與希拉蕊的
婚姻與事業試煉

由希拉蕊的角度

我的第三本書《透視女贏家》即探索古今中外頂尖知名女性成功的關鍵，與如何在當代中開發自我優勢特質實現理想。在18年前希拉蕊的傳記給我很大的啟示，一來由於他與丈夫個性剛好與我及自己丈夫特質相反，二來我結婚時已42歲，又從事教育傳播事業，我對自己允下承諾，我要全心經營婚姻，內心我也和全天下女人一樣，最怕老公外遇、背叛與被遺棄。因此當時我花一年時間整理自己由大二開始看的有關傳記，並用心研究古今中外知名女性，完成了《透視女贏家》和自己對婚姻的心理建設。

希拉蕊坦露由於丈夫第二次州長落選，雖震驚但也覺查到柯林頓頹喪軟弱的一面，因此他堅強的支持他走過生命的陰谷，加上夫妻兩人有共同對國家社會貢獻的理想，所以當柯林頓選上總統時，美國報紙頭條標題寫著「送丈夫進白宮的希拉蕊」。沒想到後來人生，在柯林頓承認性醜聞案的時刻，除了感受丈夫的不

忠、背叛，也變成全天下皆知、被羞辱的女人。

　　然而至今他還是無法接受，面對此關「夫妻關係」的課題，任國務卿時一被提到柯林頓，他當場勃然大怒：「你現在對我說話，我才是國務卿！」他的問題從不在事業能力與為女性的身份認同上，假設他能將自已優先順序以「真愛真理」來面對與接受此問題，自己才能得到內心的平靜、和平，更大的真正內在力量、勇氣與智慧高度才能擴展出來。

　　國務卿希拉蕊因身體健康住院，剛好蓋洛普公布希拉蕊已連續11年入選美國「最令人敬佩女性」第一名，第二名乃小羅斯總統夫人，雖蓋洛普針對女性乃由1948年起開始進行，爭議也多，但也可顯現過去60幾年來希拉蕊的魄力在美國女性的心中是被肯定。

　　他的能力被肯定，除了擔任10幾年的州長夫人與8年最有實權的第一夫人外，也是紐約州第一位女性參議員，在過去4年國務卿任內，出訪國最多且被認為績效為第一名的國務卿，他將強勢作風運用在「合縱」策略上，在必要時又能讓對方感覺「同理心」，雙贏下完成任務！

　　他的事業除了展現原有的強勢作風、積極果斷外，另外面對私領域的打擊，他也展現當機力斷的危機處理，當1998年丈夫柯林頓陷入性醜聞証實的危機中，他選擇不離婚，雖外在都認為他

是為了自己與丈夫的政治前途而妥協，但另一面他也有考慮柯林頓是出生於破碎家庭，不希望給女兒一個破碎的家庭。且若離婚柯林頓反會變成美國歷史上第一位在任總統離婚，因此還是站在參贏的高度決定不離婚。

並且對任何媒體的進一步試探堅決不回覆，沈默以對將評損點降至最低，也因此磨煉出他的同理心，也被美國女性的尊敬。不過到目前他對自己內在的受傷脆弱感覺，若願意面對與更深的覺查與接受，則將得到更深一層的和平。

由柯林頓的角度

2013年希拉蕊剛出院，1月6日美國華爾街日報及美國家廣播網民調，目前美國最受歡迎的政治人物乃為柯林頓夫婦。希拉蕊是因為國務卿任內，全世界探訪率最高與績效評估很可能為歷任最高。柯林頓因支持歐巴馬連任，為歐巴馬第一任經濟績效不彰辯護，動人的助選演講中展現關鍵性的說服力，成為最有魅力的政治人物。

當時投票前一週台灣的媒體播出很多柯林頓的被訪問實況，包括他坦露這一生最糟透的日子，他回答：「在大陪審團作証後，當時只有坦白承認與白宮實習生的不當關係與不得體的親密關係。」

後來老婆與女兒都有一陣子不與他講話，他在白宮晚上得睡沙發。當時擔任總統，面臨自己的內閣、幕僚與自己所屬的民主黨及美國人民對他的信任危機，但由於他政績很好，最後沒有被罷免。

因此我也再查閱柯林頓在2004年自己寫的《我的人生：柯林頓回憶錄》，其中有關私領域，除電視訪問的實況外，在書中他自述，大陪審團作証前夕，輾轉無眠一個晚上後，我喚醒希拉蕊告訴他，我與實習生關係真相，他看著我的表情，好像我在他肚子上打了一拳。我告知他，我愛他，不希望傷害他與女兒，我對自己行為感到羞愧，我一直沒告訴別人是想避免傷害家人及美國總統的威信，且對自己還得告訴女兒比向老婆坦白還難，我害怕我不但會失去婚姻，還會失去女兒對我的愛與尊敬。

對於他52歲生命中的危機事件，在他自己58歲的回憶錄中竟如此坦白，只是如今希拉蕊公務繁忙，夫妻倆的親密關係真的可以和解嗎？

親密關係與工作事業－柯林頓夫婦案例啟發

回想1991年我剛引進美國PDP領導力系統到台灣，可測量人物的個性特質與精力的耗能量，由於當時年美國離婚率最高，且其中高階主管尤甚，主要是因工作過勞，健康受挫和心智壓力耗能量也最強。經過1991年到2001年，頭10年在台灣的15萬個人

次，其中高階主管佔70%資料庫，我發現企業體的高階主管，企業發展越快，壓力耗能量也越大。

俗話雖說「窮看相，富燒香」，但事實上台灣頂尖百大企業不論台塑、國泰…等，眾人皆知如王永慶等往生時，下葬與墓地都找風水師，而風水師本身也兼看運勢吉凶，凡是成敗越大風險越大的，如政治、企業與影劇業的頂尖人士，反而尋求內心平安都會找算命、星座。如入獄風險很大的陳水扁曾精神緊繃到求助塔羅牌和美國前總統雷根被刺後，第一夫人Nancy不安心，也是每天看星座吉凶。

1998年柯林頓外遇驗血DNA成真，在國會發表如總統登基般講話，手放在聖經上是不能說謊，因此前晚先向老婆大人認罪，後再向國會承認與透過媒體向美國人民發表認錯。後來7成5美國民眾支持譴責，但不贊同彈劾，因其私領域道德不彰，但在總統公領域上柯林頓的政績最佳，政府公債在二次大戰後得到第一次的平衡，且失業率降至最低，貧富所得差距低，美國百姓願接受他而不願他下台。

柯林頓同時請求三位牧師持續每個月至少提供他個人一次諮詢，為期長短不限，並仔細檢驗心靈健康的問題，結合生活與信仰並進入自己心靈反省領域，感受上帝的愛，也與希拉蕊接受正式的婚姻諮商，一星期一次，為期一年。

同年希拉蕊對老公的氣仍未消，可仍在工作上繼續助選，當時他腳腫得很嚴重已經要以血栓溶解劑治療，醫生建議他臥床一週，但他堅持「期中選舉」的重要性因此不願半途而廢。

　　由於其夫妻倆案例乃為人類在親密關係卡的很深的典型行為，正如柯林頓在1998年的危機，自述：「雖然我知道，我倆極需休假，但我寧願讓工作塞滿口袋，我也了解當我疲倦、生氣或感覺孤單無依，沒人可分享時，我就比較容易犯下自私或自毀的個人錯誤，事後又深以為恥！」

　　這次風波也是柯林頓從小過著兩面生活的後果，一為應付公眾生活，是他熱愛也表現優異，另外一面又同時壓抑古老心魔的內在，他贏了外在，卻輸了內在。

　　而希拉蕊內心對丈夫做出危害他倆婚姻和家庭的事，對自己如此信任老公，卻遭背叛，實在啞口無言，心碎又憤怒，他即使在執行國務卿任務時，對此私領域並未釋懷。

　　夫妻倆至今對外乃以角色的應對，不離婚也不選擇以真正的內心面對婚姻問題，不選擇面對、接受、欣賞自己內在智慧，可生命課題應以真理真愛放在第一優先。

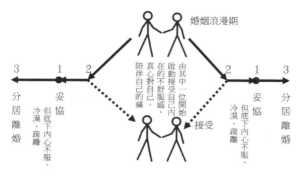

「婚姻模組」

　　由生命教練引導的角度（如婚姻模組），兩位在事業上已是世界頂尖的政治人物夫婦又是目前美國民眾最喜歡的，若能覺查接受自己的內心至善，把真愛放在生命的第一優先，當下又可進一步成為典範，做為美國及全世界的夫妻破鏡的明燈，將高難度的不可能的任務變為可能。唯有至善真愛的意圖，完全臣服接受生命中呈現的問題，能量即會協助雙方更完整的面對親密關係，進而產生互信與內心達到真正的和平。

　　雙方內心都不會一直把自己當成背叛的受害者，不會卡在痛苦的記憶中，如希拉蕊卡在丈夫外遇被其背叛的心碎，而柯林頓從小來自破碎的家庭，繼父常喝醉酒打媽媽，他無力招架也被打，內心揮之不去的軟弱有受害者心魔，直到14歲後身高比繼父高大，才扭轉此心碎的人生，也才可能喚醒雙方內在更大的力量來將此背叛與心碎的問題消融，

這也是目前雙方在家庭經營面有待努力的空間，唯有內心真正的和平，雙方的身體健康也會改進而身體的疾病也是內心創傷不和平的折磨代價。

原生家庭問題：柯林頓揭露自己的脆弱

每當過春節時，一般人都急著返家與家人團聚，但也有大部份人的家都有「別問，也別說」的家庭秘密，在美國兩位總統的自傳，歐巴馬與柯林頓小時候都有被父親遺棄與被父親背叛的感受。

柯林頓甚至是遺腹子，在出生前三個月他父親由芝加哥來接他懷孕的母親到新居，卻在高速公路上車禍而亡，因此在四歲前都與外祖父母同住，因為母親在他一歲後即到外地工作，一年中偶爾見面幾次，外祖母在他三歲時，共兩次帶他搭火車探望母親，他還記得有一次與外祖母搭上火車，離開母親工作的城市在火車上的情景，當火車駛離月臺，母親跪在鐵軌旁，邊哭邊揮手向他們道別。他說：「到現在我還記得他跪倒在地痛哭的畫面，恍如昨天。」這事件在他幼小的心靈，也感覺被母親遺棄感與被背叛感。

他說：「對未曾謀面的父親，我這輩子一直想知道更多有關父親的事，他的每一張照片，有關他的事情和片紙隻字，我都異常珍惜，希望從中更瞭解這個賦予我生命的人。」這也表示母親

太難過沒有提過，而在柯林頓54歲才得到一位母親女友的珍貴禮物，是母親在自己23歲生日那天寫給女友的信，那天也是柯林頓父親去世三星期後，母親寫出他心碎的傷痛以及他活下去的決心：「…我已懷孕六個月，想到我們的寶貝，我就能活下去。」母親留給了我父親給他的婚戒和幾個美妙的故事，同時他讓我確實知道，他也幫父親在愛我。

四歲到十四歲母親再婚，繼父有酗酒與家暴行為，在毆打母親時將臥房門關上，直到他十四歲再也無法忍受拿出高爾夫球桿要繼父住手，但其實是他身高已超過繼父，他才屈服。他提到但願當年有人可以和他談自己真正秘密，但是沒有，我只好自己慢慢琢磨，初中時期對父親的憤怒與對自己的宗教信仰基督教起疑：「我無法瞭解為什麼一個我無法證明其存在的神，會創造一個發生這麼壞事的世界。」

柯林頓在14歲前身高不夠，每次繼父酗酒與家暴毆打母親時，他感覺生氣、疲乏，孤獨無依。而找到另一個出口，他說是父親留給我的一種感覺：「如果我活得好也多少能彌補父親失去的人生，且對父親的回憶，使我比大多數人都小的年紀，就已體會到我遲早也會死，也可能早死，促使我在人生每個時刻都全力以赴，並迎向下一個挑戰。即使我還不確定方向，也總是匆忙趕路。」

記得我有一次請教Christopher老師時，問：「父親不是代表

我們在現實世界的方向與社會遊戲規則的導師教練？那柯林頓案例這親生父親怎麼講？」他回：「也就因為如此，柯林頓擁有無限的空間與更寬廣的願景，無限的想像空間可發揮，每個人都有成為人要面對害怕失敗被遺棄的恐懼，只有面對內在的脆弱感，才可蛻變出更大的力量與愛。」

此也提醒我們不論學經歷與物質名聲的成就有多大，每天活著，當下覺察並專注在(1)真相、真理、和平及無條件的愛。(2)關係。(3)問題。如此在「內在領導力」上的開發，你的生命至少可擁有充滿著生命力的能量，內心才能平安、喜悅。

「內在領導力」的試煉：柯林頓與希拉蕊的婚姻與事業

提到上述兩位主角的婚姻與事業，我加入另外的研究角度，《柯林頓的權力謊言》是由美國作者克里斯多佛·安德森所著，著作至今32本，有15本暢銷書是關於世界領袖的傳記，但本身曾任TIME與People 資深編輯，很可能私下為偏共和黨的主張，因此關於書本在柯林頓性醜聞及希拉蕊的強捍與犀利的人格批評，我不加以採用，只放其夫婦的直接陳述句。

《柯林頓的權力謊言》看到作者引用柯林頓本人的言論「你知道為什麼人們要投入政治嗎？因為他們在性方面欲求不滿！」書中還提到「柯林頓還抱怨為什麼媒體記者對甘乃迪總統的性醜聞如此寬容，對他卻如此嚴厲？」

　　讓我想到他們倆當初的婚姻聯結，乃是基於共同的目標「重要性及政治可以提供的權力需求而結合！」兩位都想對世界証明存在的重要性！希拉蕊說：「我很少認為他是錯的，我們的想法與價值觀都很接近。」

　　而性醜聞到全天下皆知時，在面對丈夫時他說：「你這個愚蠢至極的王八蛋。」但對民主黨內部，他捍衛丈夫的罷免案，希拉蕊的表現令所有民主黨員團結一致都投反對票，並欣賞他的勇氣及韌力。

　　將家事與國事的憲法區隔界定明確，法律人的捍衛全用上。至少我看到他倆已將人類的五種光環中：1.道路的光環：對與錯紀律方法規則，策略用到極致來捍衛其下面不真的光環。2.對奉獻：所謂不真的家庭忠貞。3.情緒上的執着。4.物質實相的光環：將其力量放在權力的幻相上。我也看到他們夫妻倆「為何而戰？」底下的恐懼，害怕面對被背叛，一無所有。

公領域領導力達成　內在領導力夫妻倆都還在修煉中

　　柯林頓私德不好，但他在任時，老布希打戰政府國債欠一堆，他兩任內都還完且在民生上的經濟大餅創造兩倍以上的繁榮，這也是美國民眾可以原諒他的原因。在西方民主上軌道的國家，創造民生繁榮乃領導者第一優先之務。如近期在歐洲的德國

總理鐵娘子梅克爾將德國經濟搞得很好而被尊重同理。

　　10幾歲柯林頓人生志向即要當美國總統，他的使命即是提供美國人民更好的機會，擁有更好的人生故事。在公領域事業上，他有達成。可惜私領域上提供了一個錯誤的示範，在丈夫及爸爸角色，背叛愛的承諾，傷害了最愛他的妻子與女兒。反觀這兩位女性在家庭遇到危機又如此心碎時，能在全世界的媒體上挺住自己與全心第一優先的支持丈夫與父親，使停損點降到最低，雖家家有本難唸的經，但我可是打從內心佩服此兩位女性的勇氣。

　　夫妻兩人一起面對除先後每週有見婚姻教練，於2003年及2004年各自完成其自傳，坦露兩位各自三代的家庭的秘密與成長的辛酸歷史及一路成大功立大業前的壓抑私生活，沒有健康的出口，是光鮮外表背面的代價，此也給了全世界的人們，凡是想要活出更有意義的生命警惕。

原生家庭的問題：希拉蕊4歲與鄰居小朋友際遇

　　我在生命教練課程中學到「背叛」是生命中的課題，會一再以不同的形式來發生。面對此種課題，如果內心不和平的創傷沒有真正處理，只是為了生存而向下壓抑，那麼從未撫平的傷口，又會出來敲門提醒自己要面對。「背叛」是人類共有的最大試煉，不管在友情、親情或愛情，一生中一定會碰到。

　　由於生存於世界，創傷傷痛的情緒壓抑，其不論個性理性或感性，沒有對錯此乃成為人都會有的課題挑戰。只是強度的大小，而背叛乃最深的「心碎、無價值、被遺棄」三大人類最害怕的創傷原型，且在0到7歲時都會以自己主觀的個性來詮釋所經歷的人、事、物，對應自己內在的感覺（feeling），例如希拉蕊在自傳中，坦露自己4歲時的生命經驗。

　　希拉蕊自敘：「雙親把我訓練成強悍的孩子！以免被生命中可能面對的挫折擊倒，父母希望我們為自己而戰！」

　　希拉蕊自敘，在我才四歲時，搬到新處不久，母親發現我不愛出去玩，有時還哭著回家，控訴鄰家的小女兒老是推撞我，母親擔心我若這麼下去，這輩子恐會屈服成性。有一次我又跑回家，被母親攔下，他命令我回去剛才被欺侮的傷心地。他說：「若他再打你，我允許你回擊，你必須學會保護自己，我們家容不下懦夫。」母親不容許家中有懦夫，懦夫會被爸媽容不下，他四歲時害怕若不出去回擊對方，立刻會面對爸媽「自己是懦夫，沒用的小孩」，因此害怕被遺棄與感覺心碎。

　　稍後我媽媽告訴我，他站在家中餐廳的窗簾後，看我抬頭挺胸越過馬路。自此我和鄰家小女兒蘇西成了好朋友，友誼至今不變，且先後加入幼童軍和女童軍，從事各種可贏得勳章或大人肯定的活動。

4歲時在面對上述害怕和被背叛的傷痛感，懦夫會被媽媽遺棄，與想得到新鄰居的友誼歸屬感需求，因軟弱是不被媽媽接受，他以此來應對外在而成為小女強人，並同時接收了父母的生存行為與成長的習性而不自知。但4歲時他內心的害怕與恐懼壓抑很深，此問題由於從未面對與處理，因而也未曾消失。結婚後又再面臨另一半的婚姻背叛，這也是全天下的女性，結婚後最怕會發生的課題。

也唯有希拉蕊面對並接受自己的害怕、脆弱感、羞愧感、無價值感及心碎感，陪伴自己的傷痛，如下圖才可轉化傷痛能量到「和平、寧靜與美」的內在力量純能量擴展。

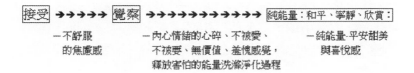

親密關係課題 希拉蕊的啟示

根據實力與完整的經歷，若沒意外目前聲望最高的希拉蕊很有可能成為美國第一位女性總統。

自從確認柯林頓性醜聞案後，不論是為政治或為女兒，希拉蕊考慮讓女兒有一個完整的家庭，因而不離婚，所以1998年夫妻倆同時接受正式的婚姻諮商。

　　拜此時期的夫妻兩位都得坦露的面對婚姻生活，就雙方的生命、情感及親密關係這些私領域做個總整理與回憶，使我可由希拉蕊回憶錄看到他的家族史，一開始第一篇，他面對他母親、外公與外婆的生命史，首先揭露他母親在3歲時，就得學會照顧自已，因外婆一出門就幾天不見人影，外公對母親也是愛理不理，終於在1927年，他母親8歲時，希拉蕊的外公外婆離婚，在當時不僅罕見也非常丟臉，外公外婆都不願扶養小孩，只有讓女兒自己搭4天火車和祖父母同住，而才8歲母親還得一路照顧3歲妹妹，是一個典型被外公外婆背叛的隔代例子。

　　外公與外婆對母親管教嚴格且充滿怨氣，還好他母親在14歲時找到了保姆工作，幫忙照顧兩個小孩，主人提供食宿與現金收入，這也是他母親生平第一次住在被愛包圍的家庭，看到父母如何關愛、教導小孩，這是他母親從未享有的，4年期間也建立日後應如何照顧自己的家庭與小孩，也決心自己婚姻不要傷害到小孩，珍惜當下與愛連結的生命。

東西方政治領袖「領導力」 與「內在領導力」的啟發

　　綜觀近代的政治領袖人物,第一優先任務即為捍衛國家領土與百姓的安全,及提升百姓生活品質的經濟任務,且「政治」為領導管理眾人之事與物,因此其領導力是領導技能的長期養成,是培養其高度、深度與寬度,而若僅有理想、熱情、激情是達不成的。自古有兩種政治領袖,一種為「時勢造英雄」,一種為「英雄造時勢」,因此真正的「天生領導人」在「政治領域」幾乎不可能,除非在藝術家、科學家⋯⋯等,而非在領導眾人的政治權力舞台產生。

　　在《不朽的領袖》書中,提到印度聖雄「甘地」為天生領導人,他年輕時期去英國攻讀法律,還是個重外表表相及叛逆分子,後來在南非有客戶請他處理法律案件,才發現在當地印度人為少數民族,被當地種族歧視,甘地在40多歲時開始挺身而出,帶領印度邁向獨立,脫離英國殖民地統治,50多歲以「不合作主義的非暴力抵抗」聞名於世。他的「領導力」在近20年才養成,而後「內在領導力」的自信也逐漸展現出來,至少使英國人與印度人兩邊雙贏都保住面子,最後美國羅斯福總統也勸英國首相邱

吉爾讓殖民地的印度獨立，事後英國首相邱吉爾還說：「我們一位莎士比亞價值已超過一個全印度人的總合。」

　　當代不朽領袖，南非第一黑人總統曼德拉，是內外兼備的領袖，具有「領導力」與「內在領導力」，在位5年宣布由於自己年齡已大，體力不夠，只任一期總統並訓練繼承人，得到人們的信任。執政期間，外國人在當地投資最多，經濟繁榮，就業力最高，且有80%以上稅收來自白人的繳稅（社會的中高層），但白人不怨，黑人雖收入不高繳稅有限，也不怨別人只怪自己不敢有大的夢想，達成「貧而不怨、富而好禮」的國家與社會。

　　曼德拉一生結婚三次，第一次1944年到1958年，離婚有2個兒子2個女兒；第二次在1992年離婚，因老婆外遇，但他落實公領域與私領域都言行一致，請百姓原諒他老婆；第3次於80歲結婚，他欣賞讚美晚年婚姻的幸福感。

　　二次大戰期間，領導美國成為世界領袖的羅斯福總統，因創新政讓美國走出了經濟蕭條，百姓總收入超過全球一半，是殘而不廢的領導人典範。而且製造與協助英國攻打德國希特勒，後因日本偷襲美國珍珠島對日宣戰，美英聯結後與中國蔣介石結合抗日，成為世界第一強國的「爐邊談話」，落實政治領袖「領導力」格局養成，在其間「婚姻不忠」還可被媒體接受並不予報導。

另外前美國柯林頓總統在任期州長10餘年後，在擔任美國總統職位內，達成經濟擴大兩倍，國債還完的「領導力」績效，「內在領導力」雖因婚姻不忠私德不行，但在「公領域」上提升了百姓就業率與經濟生活，所以百姓願接受。

　　小布希總統的軍事由911事件起，即先後「以捍衛美國」抵制「賓拉登」及幕後支持的政權為名而在世界上三大地區起兵打戰，因而在經濟上產生國債太大，就業力太低，又發生「華爾街的金融危機」的大洞，美國百姓因此對共和黨太厭倦；當「清新的歐巴馬」代表美國另一大黨民主黨出來選總統，即「時勢造英雄」擁有了「美國總統」的職權的政治舞台。

　　目前至今歐巴馬在國內經濟績效還是言行不一與選舉口號距離太遠，擁有高位置卻無法建立一個有效的團隊，「領導力」不彰的無力感，當然「內在領導力」的力量因而也出不來。二戰後世界第一大國經濟、軍事與政治的排位，目前被蘇俄普丁與世界第二經濟大國中華人民共和國領導習近平來挑戰，由歷史及過去500年的大國掘起的研究報告顯示，如果第一名如當初的日不落國（英國）被第二名搶走後就大勢已去，不可能再回到第一名的紀錄。目前世界局勢變化萬千，我們每個人只有趕緊由內開發出「內在領導力」，才有智慧與內在力量來面對世界的變局。

　　反觀當代世界級不朽的領袖曼德拉，其「內在領導力」開

發，視野不卡在黑人底層社會的社會主義路線的角度，他在擔任總統期間，中華人民共和國國務院總理李鵬訪南非，建議其經濟政策不要再用「國營事業」，要允許「民營事業」才能提升全民經濟。他立刻對內召開內閣會議，說服並對外宣布，我們不相信資本主義的反對國營事業的低經濟力，是來自社會主義中國李鵬總理的親自經濟分享，他為了提昇南非的經濟，立刻放下自己的主張與盲點。他的高視野高格局，並以全國百姓經濟生活品質的提升為其決策品質的第一優先及創造大和解的社會國家，也因此被所有歐美外資世界級企業所信任而投資南非境內的事業，創造國內經濟繁榮的典範。

曼德拉的內心世界，內在領導力的開啟正如「打不倒的勇者」威廉亨利（William Ernest Henley）所撰的詩，標題「Invictus」是拉丁文可翻譯「unconquered、invincible」（無法征服的、無敵的）。「夜幕低垂將我籠罩，兩極猶如漆黑地窖、我感謝未知的上帝、賦予我不敗的心靈、即使環境險惡危急、我不會退縮或哭嚎、立於時機的脅迫下、血流滿面我不屈服、超越這般悲憤交集、恐怖陰霾獨步逼近、歲月威脅揮之不去、我終究會無所畏懼、縱然通道多麼險狹、儘管嚴懲綿延不盡、我是我命運的主人、我是我心靈的統率」，我認為在此時代，這也值得當我們迷失無望時的最大借鏡與參考。

中國領袖鄧小平，一生經過三起三落與毛澤東領導的文革十年及紅衛兵的磨難，家事國事天下事都受到影響，兒子也因文革十年與毛澤東領導的政治社會家庭文革運動，要幼稚園與小學生都檢舉爸媽的言行，由「家中造反」的全民文革運動，而成為「殘障人士」，經此折磨痛苦的他，反省當初他從政的目的與初衷，是希望百姓豐衣足食，因此掌政權後提倡「貓論」，不管白貓黑貓能抓老鼠的貓即是好貓，刪除意識形態的分裂，專注全民的經濟建設。他記取毛澤東執政1949年到1976年的中國貧窮和文革「紅衛兵」造成的國窮與家破，與小孩的檢舉背叛爸媽的心碎印記。

　　1989年6月4日的「天安門」學運事件（此又剛好約在紅衛兵期長大後的年齡），鄧小平展現鐵腕，廢趙紫陽拖延處置並立即宣布鎮暴。在歷史洪流中挑戰執政者的學運，鄧小平得罪少數反對派，而引領中國如今已有30幾年的經濟成長並落實貓論。「領導力」的實現，將中國大陸由貧窮的第三世界國家，變成至今已成為世界第2名經濟大國。

　　反觀台灣過去60幾年來只有蔣經國執政期達成經濟繁榮的「領導力」示範，除執政期間對挑戰的反對者與不利其政權的少數有不公平的處置，但對全民而言經濟的提昇與推動經濟的10大建設，是大多數的百姓可接受的社會氛圍。

　　1988年蔣經國逝世後，全民經濟提昇，但未落實教育全民衣

食足而後知榮辱的遠見，反而因台幣與美金升值40％，由40比1升值到25比1，台灣人去全世界旅行的暴發戶行為與瘋狂玩股票和至今藍綠意識形態之爭，寫到此剛好台灣爆發太陽花學運，遍地開花的社會運動，其氛圍就像「紅衛兵」與「64天安門學運」的組合式運動。

考驗著領導人的「領導力」，年輕世代對未來願景的無望感，不論是反服貿或反對學生占領立法院的非法行為，在人心焦躁不安時期，全民內心撕裂與迷失，此時只有自己向內看與向內連結自己內心的害怕，所謂對民主法制的社會好像即將要瓦解的不安全感，要完全面對自己內在的迷失感、徒勞無功感、無力感、不公平感。運用「內在領導力」的引導如下：

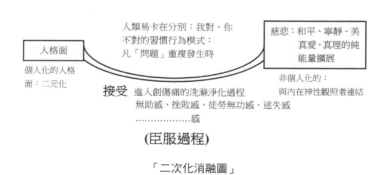

「二次化消融圖」

直到內心完全和平、寧靜，即是由對外在社會與世界投射拉回來，只有面對接受內在傷痛感，並與自己內心對話，真愛的純能量擴展才會消融害怕不安感，而且每個人的「內在領導力」的

能量才會打開，正如「打不倒的勇者」詩中所言，即使對非政治、經濟領域的每個人「內在的力量無懼」均可實現無懼的勇氣。

第 3 章

內在領導力
的典範啟發
——經濟篇

▶

賈伯斯與人類8大課題的關聯

　　傳奇人物賈伯斯改變了世界，也同時改變老中青幼四代人的生活與工作內涵，起於他將電腦科技產品做到人性化，讓小孩都能用直覺就能玩，創造不同凡響。他真心希望能建立一個永恆的事業王國，不被名利驅動，專注用盡善盡美的心，來提供一個完美的蘋果產品，他將科技與人文整合，帶領蘋果輝煌的時代到來。

　　更驚人的是這些都發生在動完胰臟癌手術後到他往生的七年間，也是他人生最高峰的創意期，他是我們這個世代的一個天才，全面性的創新整合與革新產業。

　　他見證了將「內在領導力」運用在工作事業與愛情上的典範。他完全根據自己內在的聲音，內在的神性，永不放棄自己的熱情，他在開完第一次癌症手術後，在對史丹佛大學畢業生演講說；「我們這一生在工作中花了最多時間，當你還沒找到對工作的滿意與未找到你熱愛的工作，不要放棄，一切其實都在你心

中，當你找到的時候你自然會知道，傾聽內在真正的權威的聲音！」

他很有勇氣將自己最失敗最羞辱的例子與史丹佛大學畢業生分享，在他30歲那年，在自己20歲創業的公司，反被自己請來的專業經理人背叛並與董事會聯手將自己炒魷魚，在當時成為矽谷公眾人物最丟臉的典型案例，他本想逃離矽谷，但經過幾個月的沈澱，他向上一代的創業前輩，對他的失望而道歉。

他即使被炒魷魚，經過幾個月沉澱，自己的最愛工作事業還是蘋果。因此決定一切重新再來，輕裝上陣也無任何包袱，且事後發現最失敗的打擊是「良藥苦口」，是他的人生最有創造力的時刻。也是他「內在領導力」在工作事業、金錢上開始脫離了傳統的「領導力」而全力蛻變成為更進化的靈性啟航之旅，此時期他先後投資皮克斯動畫，此與蘋果後來都成為世界最有價值的兩大企業並投資Next研發關鍵技術，事後蘋果反因急需Next技術而投資了Next，他因此而再回到蘋果，且在這時期遇到自己的最愛，結婚如今也擁有一個美滿的婚姻。由他自己的工作事業與愛情人生兩大最重要領域，他總結一定要有熱情，不要妥協，不要放棄。是在工作與愛情的兩大「內在領導力」典範人物。

當然在他第一次愛情，由傳記中記載當時正逢美國嘻皮時代流行Free sex（自由性愛時期），雙方都不必承諾可同時自由交往異性朋友。他那時正是生命中最熱情的時期，因此也拒絕婚

姻，且認為對方不是真正對象，因為對方當時往來的對象也不只他一位，雖然後來DNA證明是他的女兒，這也是他想出此本傳記的兩大目的之一，讓他女兒麗莎更了解他，解決與女兒關係疏離的課題。感謝他真心分享的傳記，讓「內在領導力」有典範轉化的案例，可啟發人類的心靈旅程。

由賈伯斯傳記，了解最大的試煉是「身份認同」課題。傳記中7歲時跟鄰居小女孩說他是被領養的，對方問他：「你真正爸媽不要你了嗎？」賈伯斯回憶說，那一刻我真正有五雷轟頂的感覺，他還記得哭著跑進家門問養父，養父慎重的回他：「你是我們特別挑選的心肝寶貝！」心肝寶貝有與眾不同的特殊性，但同時也害怕被遺棄感及產生心碎無價值感。終其一生是操控及權力擁有者，但私下又害怕被背叛的不安全感，而在恐懼不安全感的驅動力下，追求重要感，影響並改變了世界。與往生前的最後兩年，走出「身份認同」與對「原生父母」遺棄感，陰暗面侷限也才消融。

由傳記中得知他在金錢上，由20歲創業起，即得到養父母的支持，至56歲往生，金錢上一直富足，即使被迫離開自己創辦的公司，還是擁有富足的金錢。在工作事業，他由「內在領導力」的開發，被開除、被背叛轉化出更多天賦本質，創造出全世界最有價值的兩個公司與改變世界的事業團隊。

另外面對身體疾病與死亡問題上，每天與死神交戰的恐懼

中，他學習到與死亡為友而非敵人。此乃是成為人們最好的示範典範，他轉化為每天準備死亡，且只做生命中最重要的事，每天專注作自己最熱愛的事與自己最愛的人相處。

　　賈伯斯傳的目的，在於他往生前由自己的角度直接把他生命的一切坦露出來，也免得不了解他的人去亂寫他的傳記。他的生命真誠的故事分享，讓我們後人可得到成為人的生命啟示的珍寶如下：

(1) 他對史丹佛大學畢業生動人的分享中，他還希望經此實際與癌症病痛為友的體驗一年期間後，他至少希望還可活十年或好幾十年，但計畫趕不上變化啊！在演講後的六年他往生。生命乃奧秘的，不但要與死亡為友，也只有完全接受痛的過程。

(2) 提醒我們當有任何八大課題的問題發生，即如自己內在感覺到計劃趕不上變化時的焦慮與不舒服感的能量壓力上來時，此是生命內在神聖提醒我們要臣服在生命的「內在神性」的計劃，其乃慈悲且非個人化的人格面可解決的。因此紅燈亮起時，此乃為與不舒服的底下信念的能量，可消融的機會來敲門的時刻，而不是硬強求「自己的個人化」意志的時候。（如下圖流程）

問題 → 信念 → 不舒服 → 能量 → ✸ 眞愛的無限慈悲與力量

愛的無限光

(3) 如「他的原生爸媽關係」問題、「身份認同」問題與「成長的生命道路」問題，雖然非常戲劇性，張力強大，但我們成為人類，小時後都有不被爸媽欣賞、重視、遺棄的孤單感覺，只是為了存活下來壓抑了此感覺。如當爸媽在小孩面前吵架或冷戰或爭誰對錯或其中一位長期出差或兩位都長期在外，一年回家幾次，由爺爺奶奶帶大，在這家庭氛圍中，小孩長大的過程，自己內心都會有迷失、孤單感而向外追求「歸屬感的需求」的虛假安全感。因為小時爸媽是我們成長最重要的人物，因此成長後都會為自己的重要性、身分認同而奮鬥而戰。忘了自己真我是誰而向外追尋，如尋求知識上無生命力的真理道路，而不是接受向內，讓內在神聖力量與自己療傷，直到體驗到和平、平安、寧靜的純能量轉化。如此內在的真理會自然經過一些時間，在進入心靈的旅程中，會發光發亮又有生命力的由內而外的發出。（參考下圖）

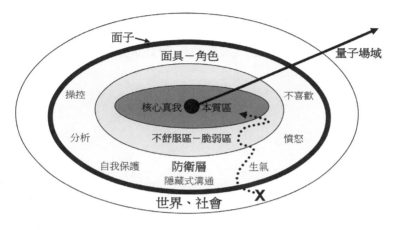

消融「內在脆弱不足感」溝通圖

(4) 任何生命中的大問題，如父母對子女的關係、人際關係
問題與工作上同事（包括上司與下屬）、做父母的與做
管理領導工作，職位越高的壓力越大，越易發脾氣或冷
漠冷戰，當內部文化及家庭的氛圍文化散發出來，產生
「講」與「做」的不一致分裂感，這些都是提醒自己與
問題為友的時刻，問題底下的不舒服的痛，乃是自己覺
得不真的信念，徒勞無功、無用感、無價值感，此時心
裡害怕被遺棄的感覺要與不舒服連結才會消融此能量，
而轉化為純能量。

比爾蓋茲　世界第一富豪
領導力與內在領導力的擴展

奇妙的巧合：老虎性格

比爾蓋茲與賈伯斯同年出生，同是在20歲時創業，也同為在世界頂尖大學唸書中退學，共同都看到1975年代的電腦產業的黃金發展偉大時代與自己要投入的遠見，賈伯斯投入「蘋果個人電腦」，而比爾蓋茲全力投入「軟體電腦程式語言設計：電腦的靈魂」，各自都根據當時有限的資金與天賦展現自己的熱情，從可發揮的藍海策略中選出自己的獨特定位，也獲得極大化發展。

在領導風格上，只做第一絕不做老二，否則為獨行俠，只專注在自己專長的領域，兩位都走在時代的前端，都可精準的看出整個時代電腦產業的趨勢與方向，都是非常獨立自主的老虎性格，自由思想開闊，都有很大的創新、創意與彈性。當然都是非傳統的並且好爭論，很會強制的要求別人，也絕不願受到別人強制的約束，絕不玩不會贏的牌，很會挑戰傳統的遊戲規則，用自由的思維達到要達成的目標。決策都為感覺，且強度很高，比一

般人強幾倍，高敏銳度與直覺臨場感很大，高企圖心與高能量，都能同時垂直整合整個產業而成為龍頭，當然兩人的獨特性、價值觀與出生都不同，所以生命功課也不同，創造出不同的精彩人生。

出生良好世家與巧遇良師

比爾蓋茲出生很好的家庭，父母很寬容，能理解又不縱容他們兒子，算是情緒成熟的父母。

由於小學時比爾蓋茲很有個性又愛動，學校中傳統型的老師都很傷腦筋還想要他留級，父母商量後，將他轉班且要他自己找喜歡的老師，比爾蓋茲很高興的選出新老師，剛好新老師本身受「特殊教育」的訓練，因此也很了解比爾這種與眾不同的孩子，新老師看到比爾素描畫可用最快速度畫出整體與細節，輪廓也很出色及地理課時，全班同學答不出來他全會，他回答老師說7歲已看完爸爸送他的生日禮物《百科全書》，且7歲前《聖經》已背的流利滔滔不絕，連牧師都驚為百年難見的天才，而且也看完爸爸書房的一本地理書，新老師因此給與讚美：「你真棒！」

由於比爾學習進度很快又聰慧頑劣，父母商量後，將兒子送到「當代俱樂部」是小型有大學氣氛的地方，那邊的小孩都和比爾一樣擁有智力超群或表現獨特，因此他的成長更推動一大步，獨立意識與創新都被喚醒，總算給比爾的精力找到一個合適出

口。並且在小學六年級進入經濟學特別班，還寫了一份經濟學報告，自己想像為發明家，發明出「心臟保護系統」，向醫院推銷，並與父親討論，自己報告時已流露出天生的經營頭腦，回校在講台上慷慨陳詞，讓老師和同學驚嘆不已！

人生中最重要的朋友：保羅・艾倫

在中學時，認識了大自己2歲的同好保羅・艾倫，是一位電腦狂，彼此成為好友互相鼓勵而成為創業夥伴，比爾蓋茲佔60%，保羅艾倫40%，保羅艾倫願意當比爾的陪襯，讓比爾當總裁，而且比爾創業的臨門一腳還是因保羅描繪的藍圖而打動，為個人電腦編寫軟體。因此比爾在20歲，1975年放棄哈佛學業，開始了自己軟體BASIC語言之路，比爾果斷雷厲、雄才大略且在爭論時不給人留顏面，而靦腆的保羅剛好可接受比爾的壞脾氣。

第2位重要的合夥人：大學時代好友

哈佛大學時的好友，微軟比爾的執行長史蒂夫・鮑爾默，與比爾是旗鼓相當的好友，共同有睿智的頭腦及充沛的精力，比爾邀約進微軟成為早期未上市的三位股東之一，並繼比爾成為第二位2000年微軟的首席執行官，2008年鮑爾默全權負責管理層。

事業上第1個貴人與第2個貴人：崛起成為產業龍頭

比爾蓋茲自己是軟體程式設計與商業策略的奇葩，對產業的前瞻性眼光及在事業上有兩個貴人，第一期為與IBM合作，第二期與蘋果電腦合作，成為電腦軟體業的唯一巨人領航員，在企業成長的25年間（1975年-2000年）對內嚴厲，但也重自由創新與績效導向，掌舵的「領導力」完全穿越試練，即使退休至2014年2月都還是最大股東與董事長。由1995年到2009年間共14年蟬聯富比士世界富豪第一名，不僅投資電腦整體，對生物科技也有投資，享有軟體產業龍頭地位，也享有很大的權力，各國政治領袖到美國時，都想拜訪經營成功之道並希望微軟去該國投資，以加速提升該國的電腦軟體的技術水平。其「領導力」的成功秘訣，戒驕戒躁的工作態度，有張有弛的人才管理，未雨綢繆的創新理念及力爭第一的競爭意識，多元化的投資觀，但未能預見全球網際網路的快速與低估其發展的速度，而未能即時主導結果，而被谷歌搶去很多微軟的人才，至今還在付出慘重代價。

事業上從如愛迪生發明家的技術天才兌變為經營者，高績效的「領導力」實現而成為軟體業的產業龍頭。後來過份的操控壟斷其產業，違反美國的法律與歐盟區的爭議，穿越此官司風波的考驗，最後公司沒有被一分為二，只以賠償了結。但他因此整合了原先的敵人甲骨文，埃里森總裁。

1999年兩條桃色新聞的男主角都叫比爾，一位是美國前總

統，柯林頓因與魯文斯基的醜聞差點丟掉總統的寶座，另一位即是比爾蓋茲，他的情婦也是公司的經理出庭作證，稱微軟違反了美國反壟斷法，這項指控差點讓美國司法部把微軟一分為二，而這些證詞對他一次致命的打擊。

華爾街紛紛拋售微軟股票，蓋茲的個人財產損失高達80億美元，他經此打擊開始逐漸退出微軟的管理層，另建慈善事業王國，將天賦才華與創意價值發揮的更無限寬廣，危機也是轉機，在慈善事業中同時與太太共同發揮熱情才華到極致。

事業第二春：慈善事業「領導力」更極大化的擴張與進入「內在領導力」

比爾蓋茲退出電腦軟體業後，與太太全心投入慈善事業，投入至今全世界規模第一大的慈善機構，還又結交世界第一名股神巴菲特，其後也為慈善機構捐入380億美元，是最大的捐款者。比爾2000年辭去首席執行長，2006年宣布2年後退出日常管理工作，2008年起完全離開微軟管理職，進入更寬度的慈善事業與研究生物科技領域。由資本家到慈善家的轉變，此乃因為1994年，是他生命中悲喜交加的一年，與太太梅琳達結婚，但這一年深愛的母親不幸死於乳腺癌，在母親與疾病抗爭期間仍勸說兒子要多投入慈善事業，母親走後6個月，父親再次提起慈善事業，因此先投入9400萬，由父親之名成立慈善基金且由父親打理，1995年母親逝世一週年，又捐贈1000萬美金設立以其母親為名的瑪麗‧

蓋茲獎學金，由於母親一向重視教育，直到1998年父親給他看一份媒體報導，非洲兒童每年死於輪狀病毒數以百萬，他聽了此數字感到震撼。比爾蓋茲表示：「是我父親給我的一張圖表促使我對慈善事業產生了濃厚的興趣。」因為它喚起了1993年比爾蓋茲曾到非洲薩伊的切身體驗與觸動，當地人的生活給了他們一行人的心靈帶來了巨大的衝擊，且終身難忘，當時年僅38歲比爾看到非洲薩伊的婦女愛自己的孩子與那些美國母親們愛自己子女並無差別，看到孩子一個個餓死或病死的時候，他們和我們哭的一樣傷心，從那時起，比爾就下定決心，一定要幫助這些無助的母親，他的同體大悲之心被喚醒。

雄才大略的：創新挑戰高難度的慈善事業

在慈善基金專業採用最創意的資本主義擴展與良性循環的運用：

(1) **動員並把世界首富的身份和作用發揮到極致，採取最有效的方式把我們的錢花到最恰當的地方。此為「慈善事業」的價值，而那些需要幫助的人知道我們真心地想要他們幸福**；比爾和梅琳蓋茲基金會於2000年正式成立，並合併老蓋滋基金會，工作重點也全部合併，比爾蓋茲再捐助60億美金，如今已為全世界最大其擁有資金已達600億美金以上，已為「洛克菲勒基金會」10倍。

(2) **捐資主要集中在兩個領域「衛生保健領域」和「教育領域-如教育改革」**；其夫婦認為此兩領域為「縮短世界貧

富差距的關鍵」，一路以來「引領富豪們的善良風
潮」，慈善專案並與中國政府資源連結如接種疫苗，投
入鉅資研發新廁所、結核病、愛滋病防治、幫助中國菸
民戒菸，除了讓中國環境和健康事業受益外，中國經驗
也會被推廣到所有存有同樣問題的國家，務實的了解其
基金會的私有資金乃為政府資金的九牛一毛，因此創造
雙贏的慈善專案。2008年到2014年已捐贈250億美元在世
界健康領域，他並為自己已設定了更偉大的夢想，他要
將所有聰明的大腦與人才聚集起來，讓他們去幫助那些
需要幫助的人們。

由鬥士的「領導力」蛻變到「內在領導力」

回顧比爾生命第一階段於20008年至53歲前，完全以「商場
如戰場」在過生活，20歲創業到53歲，近30年期間還包括面對壟
斷官司一案，在挑戰中還成為產業龍頭，如戰場指揮官的鬥士完
成「領導力」的磨練。

第二階段從資本主義的高度到同體大悲的高度，由經營「慈
善事業」擴展了「內在領導力」，且內心準備是從38歲就開始，
直到53歲的才全職進入。期間承認內心的心理準備還沒有準備
好，因此退休的過程中一路放出權力，直到15年後兌變，接受更
單純的「內在領導力」，進入更寬廣的未知世界，正如同當初鄧
小平對貓論執行的兩句話「實踐是檢驗真理的唯一法則」與「實

踐的過程乃摸著石頭過河」。展現對未知世界冒險的好奇心、勇氣與決心。

▶ 巴菲特　股神的事業與人生的啟發

　　華倫‧愛德華巴菲特在過去近30年來風靡全世界，已成為現代財神爺的化身，只要是他看中的公司及股票大部分都有點石成金的高利潤魔力，他是投資家、企業家及最大的捐獻慈善家，且近幾年主動參與比爾蓋茲去中國及各地推動歷史上的新價值觀億萬富翁捐錢的風潮活動，他運用從小對數字的天賦才華及夢想要成為百萬富翁的激情中，由5歲起幫祖父與爸爸打工賺錢，14歲即將積蓄買了40英畝的土地…的天賦才華歷練養成中，並藉由睿智的投資累積而匯聚成巨大的的財富，尤其透過他在波克夏哈薩威公司的最大股東持股並進而擔當董事長-主席及首席執行長CEO的職務，根據富比世雜誌公佈他連續數年均為全球富豪榜第2名，僅次於比爾蓋茲，也有先後成為首富，且在2006年宣佈捐贈380億美元交由蓋茲夫婦基金會運作也創下美國有史以來的記錄。

出生中產家庭11歲即在父親證券經紀商工作

　　出生美國中西部的奧馬哈，父親是證券經紀人後又成為國會

議員，其有兩個姊妹為家中獨子的老二，母親為英裔移民，祖父如柯林頓外祖父一樣經營一家雜貨店，11歲他即在爸爸的證券經紀商工作，且買進股票之後即學到並**明瞭投資績優企業並長期持有股權的重要**。14歲經父親推薦送報工作，他以兩份送報工資存下的錢買了40英畝的土地並把這些土地轉租給佃農成為小資本家，先後嘗到「以錢滾錢」的滋味，大學先唸沃頓商學院後轉另一個大學，其後又唸哥倫比亞大學研究所對其最佩服的教授班傑明・葛拉漢其名著《智慧型投資人》，奠定在投資方面的更大基礎及興趣，同時拿到經濟學碩士，並學到對其投資哲學產生重大的影響人知名的投資家兼作家菲利普・費雪的投資價值哲學。1956年26歲成立巴菲特聯合有限公司，為其創業第一個投資合夥事業，其他七位合夥人均為他的親友，後又陸續成立幾個合夥事業，他是工作狂，除了睡眠外他時間幾乎都在經營事業上，徹底先後實踐其研究所所學的投資哲學與獲利分配模式，且第一階段14年間每年平均以30%以上複利成長，錢滾錢的再擴大化，而當時1956年到1969年間，一般市場的常態只有7到11%。

「內在成績單」：財務決策作風

他不受人們影響，而影響人們行事的一大因素，在於他們拿的是一張內在成績單還是外在成績單，他知道市場先生在任何時點對股份的影響，都與股票的內在價值無關，因此他能安於內在成績單的好處，對金錢的投資管理上：(1)**一般投資**：只買進安全度受到低估的證券。(2)**套利交易**：如併購、清算等。(3)**控制權**：

買進大量股份並聯合其他股東…企圖影響其投資的相關公司。最經典案例如1962年的購入波克夏・哈薩威公司股票其最後解散前期的合夥事業，全心投入波克夏的經營，運用多餘現金收購買進公開上市公司股權下；而使波克夏成為全球最大控股公司之一；如保險公司，並進一步更加專注在一些具有持久性競爭優勢企業上；包括如大額控股美國運通、可口可樂、IBM與完全控股：包括美國最大的汽車保險業再保險…等；且專注投資於個別的利基市場的企業，甚至透過非公開市場交易買下整間企業。

慈善事業：「內在成績單」的轉化與「內在領導力」啟蒙

第一階段的機緣，他在近50歲進入空巢期，因小孩們長大，經太太說服，成立慈善事業由太太主持。太太蘇珊選出其城鎮的黑人社區支持黑人領袖與協助提昇當地黑人生活品質，且因此認識了金恩博士，他也是歐巴馬總統的典範，後受其被槍殺的震撼並打破其家族的種族歧視，先後接受猶太人與弱勢民族。且在其妻病重出院前不久，對大學生的演講提到：「不管你有多少錢，這時你如何使用金錢乃為生命最後的考驗。愛是用錢買不到的，但要得到愛，唯一的方式是討人喜愛。」

第二階段，由於妻子在2004年過世，對他內省的過程轉化很重要，而進入人生的第二階段：對慈善事業的使用。因此他只留67億美元給其家人慈善基金會，而後將380億於2006年其76歲時宣佈捐贈比爾蓋滋夫婦基金會，且明確表示其巴菲特家族文化不

願意讓大量財富代代相傳的想法：「**我想給子女足以讓他們能夠一展抱負，而不是多到讓他們最後一事無成**」，這對東方的華人富裕的大富家族乃是一大啟示，子女也不會因爭產而演變成家人無情的醜陋鬥爭，此對社會乃是一個錯誤的示範。

巴菲特對財富的想法，1995年他於65歲時說我認為在個人財富的累積上，社會才是真正的幕後功臣。如果我出身在孟加拉或秘魯這類國家，所有才智都是毫無用武之地，在美國市場經濟的系統下，正好讓我充分發揮專長，且所獲得財富更是不成比例，因此我深信取之社會也將報酬回饋社會。由於對我自己所擁有的錢無任何罪惡感，而物質生活原本就不是我所追求的，因此在我和妻子離開人世時，我會將這些錢全部捐獻出來，作為慈善之用。這真是內在豐富聚足的財神爺精神的真正內涵。

對錢價值的無限擴展與運用

巴菲特小時即喜歡埋頭讀自己最喜歡的《賺到1000美元的100招》對他想成為如洛克菲勒一樣大富大貴之人的夢想很實用，從小即立即行動，也成點石成金的投資大師一生的踐行者的，他一路實踐並運用自己對數字的天賦超過數十年後，認為自己最大價值，即來自於對錢與資本的充分運用能力，他主要責任即是提供資本給經濟狀況良好的企業，並保留其原有的管理階層，繼續帶領公司成長的放手授權的雙贏的政策。其對現金流的管理能力外，在資產負責表的管理上才華洋溢，成功讓「波克

夏」的債信評等的最高等級，因此也能享有最低舉債成本。且
2005年報告全球只有8家能給維持在此一水準。

生命的功課與穿透不舒服「原生家庭與親密關係」的痛

　　他一生由妻子蘇珊學到對人際關係的敏感與細緻，妻子往生
後，他也真正開始落實爸爸與子女的關係的愛充實化，由於婚後
其一生均與妻子分工，他只專心賺錢，而家庭子女與自己原生家
庭關係都由妻子全權負責，妻子在往生前的病重一年多，乃是他
經歷要提早失去妻子「說再見」的時刻的痛楚蛻變，在投資華盛
頓郵報並成為董事的過程中，他投入十餘年的時間在華盛頓郵報
的第二代發行人凱薩琳的私人教練中。由於凱薩琳的私下壞脾氣
與巴菲特母親一樣，巴菲特母親家族有精神病遺傳，此如同英國
首相邱吉爾家族一樣，且他的外祖母及兩位姨媽均因此而死，他
在小時經歷過其母親可大罵小孩1到2個小時，父親為工作狂都在
工作事業上，因此也幫不上忙。他與母親關係疏離冷漠都會逃到
親友家直到晚上才回去睡覺。婚後是受妻子生活照顧的接受者，
也體驗學到妻子處理他家族的人際關係，他以此所學及將投資價
值來成為華盛頓郵報的第二代凱薩琳公領域及私領域的教練，由
於凱薩琳的壞脾氣很像巴菲特的媽媽，因此他由婚姻中所學懂得
面對自己的母親，也由教練的體驗「關係的連結」中更深深的了
解到母親的壞脾氣底下有很深很深的不安全感，他也教導凱薩
琳・葛蘭姆如何在董事會上看到董事們的操控及穩住他自己內心
的不安全感。

他在婚姻的功課學到愛是用錢買不到的，尤其在空巢期近20年，他不改賺錢與事業第一優先，工作狂的生活方式，老婆一直建議他，可多花一些時間給家庭經營後半生，由於他倆金錢已賺太多，他的冷落疏忽錯過機會，造成後半生婚姻亮紅燈，直到妻子往生後的不捨與震驚，經過兩個月的深深哀禱，他開始認命接受結束和死亡的事實，並以新的方式對待子女。妻子似乎把他的一些力量留給巴菲特，他能開始流暢處理情緒的能力，以及對人的寬宏大量。巴菲特內在也增加了前所未有的面向，他重新負起情感領域的一些責任，而在以前這些都是留給妻子去做。他更用心去理解子女的情緒，他們正在做的事，以及他們覺得重要的事，且在妻子往生兩年多後，於2006年他也不再霸著錢不放，宣布捐出380億美金給蓋茲基金會且不求留名後世，此也顛覆了施捨錢財的每一條常規，在全球的行善領域，這是歷史性的一刻，他的宣布立刻產生重大的影響，亞洲最富有的首富李嘉誠承諾，將1/3的190億美金投入他自己的慈善基金會。香港演員成龍宣布，將捐出一半的財富。也引起世界各地富豪的漣漪效應。他也因此將世界富豪的生命功課穿透內心痛的過程學習分享，你總以為隨時可以買到價值百萬元的愛，但事情不是這樣的，你給出的愛愈多，你得到的愛愈多。

世界頂尖產業龍頭的探險之旅

　　研究分析上述3位典範的世界頂尖產業龍頭，賈伯斯將個人電腦提升，創造iPod、iPhone、iPad的輝煌時代，全面的創新整合，提升人類生活的品質及生活的方式。而比爾蓋茲也由IT產業龍頭轉化進入全世界最大最有創意的慈善事業，專注貢獻在健康與教育，凡政府及聯合國的官僚機構無法有效執行的領域，他即針對這些貧窮人進行健康與教育改革，而且推動世界富人捐出50%的財產，創新的方式解決了子女的爭財，又可有效的幫助貧窮人的生命品質。而巴菲特由世界第一名股神、最懂投資的全球龍頭，支持信任比他小一代的比爾蓋茲夫婦經營的慈善事業，且打破用「自己名稱」，認為比爾會將捐獻的錢做更有意義的落實。

　　他們都為第一代創業家，在商場如戰場的金錢遊戲中沒有迷失自己，反而將自己本質更擴展發光，在這「內在領導力」的未知之旅，他們的成果已在過去五年中完成，爆炸性的貢獻是與眾不同的人類典範。

他們三位都是產業龍頭，都能穿透金錢與權力滋味的誘惑，都在進入自己生命的未知旅程中釋出金錢與權力，也接受自己更大的未知「內在領導力」旅程。在經營事業的實務中考驗「領導力」，無限運用自己的天賦才華，由無創造出極大化，並由自己願景找到適合自己的藍海舞台與建立信任共識的團隊，也為自己創立的企業創造了富足的金錢，同時都穿越「自我身分認同」及「生命道路」的外在追尋的迷失，當有形的「領導力」進入格局更大的「內在領導力」，包括面對轉型的不安全感，直到越來越發光，穿透害怕失敗、害怕金錢一無所有，從不確定感到誠實傳記的分享。這些對我們所有人都是很好的啟發與洞見，面對自己內在的生命蛻變都有必經的冒險，「生命功課」與「不舒服的內心過程」在接受、信任與臣服後，終會豐收。

第 4 章
內在領導力
的典範啟發
——文化篇

▶

▸ 蘇格拉底　西方哲學之祖

　　我在1995年開始，經過一年的整理研究我過去所讀的傳記與金忠烈教授教導完成了對老子、孔子、荀子及韓非子的PDP領導者個性特質與領導力觀點及其對中國文化不朽貢獻的第二本著作，至今又學習了15年體驗開發「內在領導力」的心，我再次看西方哲人的第一位蘇格拉底，是他和柏拉圖、亞里斯多德共同奠定了西洋文化的哲學基礎。內心感動萬分，歷史至今在混亂不明的時代，也是眾多才子百花齊放「內在領導力」最大開發的機會。

　　中西偉大思想家都出生在當時的混亂時期且道德價值低落，因此蘇格拉底認為，若要支持當時生活中的倫理局面，人人就更要認識自己，這也是他哲學的出發點與立基，而不論古今希臘人在街頭進行找人說話或進行哲學探討，又強烈反對當時的複雜政治關係，在當時也都是他們文化中最重要的日常活動。然而在西元前399年他被控以「腐蝕青年」和「從事新奇宗教活動」判處死刑。

他的朋友及弟子們覺得這審判不合理勸他逃走，但蘇格拉底雖認為判決違背事實，但合於程序的判決，必須服從，因此從容的服毒而死，他同時認為自己靈魂不死不滅的，相信自己死後要去的地方比現世好，應有真正正義的存在。且他認為人在關心自己的身體和財務之前，必須先關心自己的靈魂以至於接近神，也是靈魂是最真實的自我，乃因為有此信仰所以他不怕死。他主張「真正的善」以免錯誤使用力量、健康、財產或機會。他認為「善知識」即不可能有壞的用途，善的「絕對性」是德行乃道德的中心。

　　其政治思想以倫理學為中心，政治的任務就是關心所有同一城邦公民的靈魂，使他們儘可能的完善。這也是所有政治家所該具備的條件。他也認為他那時代民主制度的根本缺點，即是社會交在無遠見又無專門知識的人手上。

　　他也願為他主張：「死！」他強調「德行的價值」認為善才是人們要追尋的目標也是人生的真理，且智慧也是來自善知識中直接體驗而獲取，並當做善知識傳授。

▸ 老子　世界十大思想家

在1995年我的第二本書，在金忠烈教授的協助下寫了老子的領導特質與影響力，我如今寫完西方第一位哲人思想家「蘇格拉底」再來寫老子感觸更深。

金忠烈教授為韓國研究所，專講老子與孔子學術權威，在1985年在台大碩士班與博士班擔任客座教授一年，當時為我個人的家教老師，每周2天教我《老子》、《易經》、《大學》、《中庸》，只可惜華嚴經來不及教，他即回韓國了。

只好安慰與臣服宇宙的奧秘，當學生準備好時，老師即出現。過去五年間，我的心靈引導老師克里斯多福・孟每在引導洗滌淨化時即會提醒，當淨化到最深時即會體驗到老子的道，空與無的萬有境界，且當直接經驗累積到臨界點時，忘了我真正是誰的本質更會如泉湧般出現，此對身體的侷限也會消融。

老子的主張「死而不亡者壽」，身體雖然死了，但精神常在

才是長壽之人。我的了解也是精神不朽，身體沒了但其精神永留人間。尤記得1988年去杭州一遊時，去了岳飛廟，當時我震撼其不朽的氣宇及氛圍，也相信雕塑岳飛的藝術家，一定也是不朽的藝術家才能刻畫出此境界。

老子的《道德經》是目前在西方僅次於《聖經》被翻譯語言最多的一部。據說他比孔子大數十歲，生於西元前600年左右。主張無為、柔弱、謙下不爭。冷靜自持，平易敦厚著重原始思想且不多言，回復自然本質、返樸歸真、和諧取向。師法大自然主義認為人與神鬼共存，人要謙卑乃是宇宙的一部份回到本有的和諧與規律，其自然萬物的和諧相處，全乃老子所說：「天地與我同根，萬物與我一體。」人的心念與宇宙互通，不分語言不分萬物，天下太平全在人心，人心好壞教育第一。

中華民族大部分朝代主政者主流派較多推崇孔子，乃因漢朝董仲舒獨尊孔子，後科舉時代才用儒家為尊，但中國春秋戰國九流十家各種思想百花齊放，生命力源源不絕，還好民間儒道佛的文化共融，使文化有出口，因此在世界上，老子至今仍為世界十大思想家之一。

▸ 孔子　教育的思想家

　　孔子生於西元前551年，是儒家創始人，比老子小數十歲，是中國第二位思想家。曾向老子請教過，老子勸誡他去掉驕氣和多欲之心，對此孔子銘感在心，並在一生的生活道路上受用無窮，且對老子十分佩服。

　　孔子為教育思想家的先驅者，以「仁、禮」為從政的主張，在當時井田制崩潰，宗法制度瓦解的亂世，主張先正名「君君，臣臣，父父，子子」。即短期治標，再以教育為中長期工程且認為法律乃道德底 ，而其「正名」也常被法家與兵家在「名」的招牌下利用。

　　主張唯有教育，靠知識份子彰顯義理真正內涵，當理想無法實現，在政治舞台，除了周遊列國十幾年，不改其志還首位創立私學，打破只有貴族能受教育，其一生以教育為己任，主張教育普及化且「有教無類」、「因材施教」的啟發式教育。

終生「學不厭、教不倦」，且教與學並重，「溫故知新」的對學問的實踐並指出「三人行必有我師」。對人世間，主張「仁，孝悌與忠恕」，要求人們要用「道德規範」來約束「自己的行為」，且內在實現「仁」主要靠內心自覺，要有崇 的內在價值。

　　孔子思想在當時有維護封建制度穩定秩序的一面，漢朝董仲舒主張獨尊孔子的儒家思想為正統思想，且歷代統治者根據自己需求變換孔子形象作為鞏固統治作用，如科舉制度。主流教育因此不重視其他如老子等的重要思想家，春秋九流十家價值貢獻的傳承與平衡中國文化總體性的遺憾，唯有尋根中國文化古老智慧的本質為自己挖掘出真正自信的「內在領導力」乃為第一優先。

　　孔子一生不放棄其志，他在政治舞台上雖沒機會實現其理想，因此轉而在教育的舞台上，如他的仁者愛人，不僅針對統治階級也愛人民大眾當作自己最高理想，在孔子「學而篇」，即主張讀書人的生命目的「士不可不弘毅，任重而道遠」。孔子同時肯定普通百姓也有自己的獨立意志，《子罕篇》說：「三軍可奪帥也，匹夫不可奪志也。」

　　英國哲學家羅素，他認為中國知識份子若不了解中國文化的偉大才會否定自己文化，而他自己過去也只了解狹義的中國文化在他未訪問中國前，他得自西方傳教士存有偏見與誤導的表象論斷，1920年代他親自訪問中國後，回歐洲即發表，他認為儒家以

德操高尚，知識淵博自許，讓知識份子懷抱偉大的志向，這種人不會墮落，而這樣的民族絕不可輕視。

從2004年開始中國在海外教授漢語和傳播中國文化為宗旨的非營利性教育機構「孔子學院」，截至今已超過108個國家發展並建立超過400多所孔子學院和500多所中小學孔子課堂。

孔子在2000多年前的封建時代，即提倡禮義之邦及晚年完成整理《詩經》、《易傳》及《春秋》，此對歷史文化的整理作出貢獻，有益後世參考。《論語》是由其學生對孔子的教學記錄，落實在生活化的品德教育及《易傳》天行健，君子以自強不息，不因不順而氣餒。仁，愛人，以愛為教育生活化的第一優先，認為實踐仁德全靠個人主觀的努力與擔當來務實，也對政治家們提醒，當「衣食足而後知榮辱」，乃為教育時機的優先，才能達到「貧而無怨，富而好禮。」即不會有貧富差距太大的「貧而怨，富而無禮」，如暴發富的社會風氣。孔子的一致性的身教也是合乎當代開發讀書人的「內在領導力」的精神典範案例之一。

蔡志忠　畫出真理與藝術

　　繼1995年與1999年後，我第3次正式訪問蔡志忠，相隔15年後的訪問，雖然所學的法門與蔡志忠大不同，我學習直接體驗，由內在感覺與感官進入心靈，而不是老子的直觀，但藉由這次訪問，我得到很大的真理啟示，直覺遇上當代的思想巨人，如當頭棒喝，心中的真理之門被震開至今仍餘波盪漾。

　　幾年前中視主播葉樹珊主持的節目，在蔡志忠與聖嚴法師兩位大師的對話中，聖嚴法師說：「蔡志忠一個人透過他的漫畫將佛法傳播到世界，所造成的影響力是非常廣大的。」他的書至今已有5000萬到2億人看過且還會持續不斷的繼續影響百年以上。

　　少林寺釋永信方丈說：「很多出家子弟，是通過蔡志忠的佛學漫畫學會佛法的。」他也是少林寺在禪學與佛學上的智慧禪師，為少林寺寫了好多本書。

　　訪問中根據上述我也同時了解，至今他共在十大項領域擁有

核心專長：⑴道家思想：如老子、莊子⑵佛學思想：佛陀說⑶禪宗：六祖壇經、禪說⑷中國智慧起源：如包括諸子百家－孔子、孟子、孫子、墨子、韓非子、列子、史記、中庸大學、論語⑸物理⑹數學，以上已完成了200多本書，並計畫寫400本創人類的記錄；他還有⑺橋牌（得過亞洲冠軍）⑻銅佛⑼漫畫⑽動畫影片（還得過金馬獎）。

我記起之前訪問他時，他說已和2000多年前的聖賢結成隔代知己，精神上完全進入他寫的每位智者的內心，如寫《莊子說》，他自己已是莊子，幾乎寫什麼像什麼，是多才多藝的智者。

蔡志忠於1985年獲選十大傑出青年，先後以《莊子說》《老子說》成為暢銷書排行榜第一名，譯本包括德、日、俄、法等34種語言征服全球漫畫市場，也獲得荷蘭親王獎、時報白金作家獎和金漫獎終身成就獎。

以下是訪談內容摘錄：

Q1：首先想了解己有如此輝煌的記錄，對他個人人生的驅動力？

蔡：在我小時候就決定如果我一無所有，只要不餓死，我都要做自己喜歡的。1歲多唸聖經，3歲半已為天主教徒，聖經上有

100多個故事與人物圖畫，除聖經外，9歲已看遍所有世界的經典，回教可蘭經、印度、中東、猶太與中國古代諸子百家，我不畫歷史而喜歡與智慧有關的古籍。

我除了畫中國諸子百家思想，也喜歡畫佛學和禪宗思想，例如由達摩祖師傳承到六祖慧能，一花開五葉：曹洞宗、溈仰宗、法眼宗、臨濟宗、雲門宗的禪宗蓬勃發展。

我學校成績很好，但從小也接觸教堂神父的宗教課本，上頭有連環畫（米老鼠），快4歲父親送給我禮物石頭板，可用硬的石頭作畫，我當時即愛上畫漫畫，至今每天18個小時作畫，是發自內心的享受。

因此從9歲起，我選擇了漫畫，在當時台灣已有需求，如編故事、畫漫畫…對我都很輕易。15歲已成為職業漫畫家，而毅然走上專業漫畫家的行列，脫離「聯考」的桎梏，不覺得升學才有前途。

Q2：請問在你37歲時由自己所創的十年事業崗位退下來，而去日本完全的投入經典智慧的《老子》、《莊子》…等，專注在此內涵的漫畫與相關的動畫影片，此轉變花了多久時間與心路歷程？

蔡：我15歲成為職業漫畫家，20歲入伍當兵三年期間自學設

計學、色彩學、錯覺藝術、西洋美術史、中國美術史，23歲進入光啟社自學動畫、電影。26歲到36歲自己創業擁有自己公司，已有數十位工作伙伴，並且用老子「無為而治」理念來經營今司也交出亮麗的成績單，如31歲《老夫子》獲金馬獎，35歲幽默創作漫畫全面進佔台灣、香港、新加坡、日本等媒體，36歲退出事業後，在去日本前，已在台灣買了3個房子及存了一些現金。

我告訴自己，我已花了生命10年賺錢，夠了，從此生命不零售、不用在切割生命為賺錢而活，1984年結束事業，1985年出《老子說》、《莊子說》…。現在要把聖賢與智慧真理視為生命的第一優先，活出每日當下。

Q3：請問在「打坐時」即可與老子的直觀與萬物和諧感應？或有些佛教電視台有被訪問的作者分享他的打坐靜觀，即可感應很多很玄與不可思議的事，過去20餘年來我也聽到很多的靈修變神通…。我至今也不懂？你自己的體驗？（由於我1999年訪問聖嚴法師，為了寫他，想更了解佛教去體驗他主辦的禪三，三天閉關不言且打坐拜佛，我筋緊根本坐不久，得特拿墊子靠牆壁，才能走過三天。因此我不學打坐，對此體驗也不了解。）

蔡：打坐與「老子」無關，很多人藉由名人來胡亂講，此乃唬人的行為，以表示自己的特別性與重要感。我自己也不打坐，且任何老子、道家、佛家、天主教、基督教、回教真正修行的目

的乃「身心安頓無掛罣」，無論面對將死或面對外在環境，人、事、物狀況不好，都是自己不能面對才產生。

老子思想是穿透的智慧，如不需穿戴名牌，來顯示尊貴。且所有上述思想家的修行主張都不談怪、力、亂、神，如果說打坐時看到光，這只是在腦中的彷彿狀況，都不是真理。如佛陀有十四個問題不談（佛陀十四無記）：⑴宇宙恒常存不滅嗎？⑵宇宙不會常存不滅嗎？⑶宇宙既恒常而又不恒常嗎？⑷宇宙非恒常非非恒常嗎？⑸宇宙有邊際嗎？⑹宇宙無邊際嗎？⑺宇宙有邊際而又無邊際嗎？⑻宇宙非有邊際非無邊際嗎？⑼生命即是自我嗎？⑽生命與自我並非同一嗎？⑾死後還有靈魂存在嗎？⑿死後並沒有靈魂存在嗎？⒀死後靈魂既存在而又不存在嗎？⒁人死後靈魂既不存在又非不存在嗎？

Q4：現今人類因宗教而造成的紛爭：如基督教與回教，回教與猶太教與以前回教又與天主教因紛爭而引起戰爭？你的看法？

蔡：宗教的原精神是要使人心向善不要有壞想法且不會打戰，戰爭發生乃是「人」假借宗教之名而打戰，所有宗教到最後都是談身心安頓，不因年老生病，沒錢而煩惱，由於人都不同，因此各種宗教運用各種方法，如淨土宗，只用唸佛，專注念經就無掛罣，由精神層面進入；如老子「萬物同源」，行為身心安頓，無掛罣，老子自己生活層次高，不需要外在肯定及別人關愛

的眼神。

耶穌是歷史上第5位先知，穆罕默德是第6位先知，而回教複製天主教與舊約而成為一神教，主張「人不犯我，我不犯人。」但由於人的不同文化與競爭，假借宗教之名，如十字軍東征。但打戰是低層次的信徒行為，如美國小布希宣戰打賓拉登是不同文化之戰，不等於回教徒即殺人。

任何宗教本身是使人心向善，諸善奉行，諸惡莫作且絕不會鼓勵打戰。不同宗教的信仰典範，如天主教德蕾莎修女言行一致；如甘地聖雄，不主張因信印度教而與巴基斯坦伊斯蘭教打戰。

1985年我曾向韓國金忠烈教授討教過老子、孔子，之後看到蔡志忠的《老子說》、《自然的蕭聲－莊子說》，因此對他的智慧印象深刻，所有精髓能如此深入淺出，在輕鬆的氛圍下有效的啟發。

記得在1995年第一次訪問他，他說當我寫莊子時，我就是莊子，他進入莊子心中成為寫他們的思想代言人。尤其在我們這白話文的時代，對中國國寶的文言文著作（老子、莊子等），也真可以藉由他的漫畫著作，幫我們敲開古代智慧真理之門。正如1999年獲得荷蘭克勞斯王子基金會頒獎，表彰蔡志忠是將中國傳統哲學與文學，藉由漫畫做出了史無前例的再創造。

我欣賞蔡志忠研究真理的認真態度，我的教授與維基百科或教科書都說，孔子親自整理六經《詩》、《書》、《禮》、《樂》、《易》、《春秋）。蔡志忠當場修正我不是六經，只有《詩》、《易》、《春秋），當場與我分享他自己對《春秋》的研究，讓我看到孔子真正整理與刪除的很少。

　　在《葛拉瑪經》中，佛陀曾在葛拉瑪村對葛拉瑪人說：「葛拉瑪人啊！不要因為口耳相傳，就信以為真。不要因為合乎傳統，就信以為真。不要因為轟動一時流行廣遠，就信以為真。不要因為出於聖典，就信以為真。不要因為合乎於邏輯，就信以為真。不要因為根據哲理，就信以為真。不要因為符合常識推理，就信以為真。不要因為合於自己的見解，就信以為真。不要因為演說者的威信，就信以為真。」

　　我欣賞他的真和貫穿真理，又有藝術家的純真與自由自在，也使我想起世界雕刻藝術家朱銘，曾分享向楊英風學習的心得「藝術，是要修，學習是不夠的，因為學習都是別人的東西。」無論你跟誰，自己記的和別人的雜念都要忘掉，才能把你自己喚回來。

　　總之，蔡志忠從9歲起就有勇氣下定決心做自已，父母也支持他，26歲前學習並享受自己的漫畫藝術世界，磨鍊所有才 武功。26歲到36歲經營動漫事業名利雙收。37歲放下事業，只做自己生命有意義的事情，全心專注在真理與藝術的研究，創新的畫

作與動畫持續的影響世界數億人。

第 5 章
內在領導力
的典範啟發
——綜合篇

▶

方濟教宗變革的領導者
穿越角色落實由心出發

　　2013復活節前一晚3月30日我看到「文茜小妹大」報導教宗方濟，第一個出自南美洲的教宗，一般外界不看好且認為其保守，不能對腐敗的教廷進行改革。但沒想他上 不久，在濯足節親自帶領神父們去羅馬少年監獄看護所，對12位受刑人「洗腳與親吻腳」，儀式象徵洗滌罪惡，且對象包括女性及兩位穆斯林教徒，也象徵教宗同時藉此打破宗教與性別，脫離傳統宗教的藩籬，進行改革行動。

　　我看了既驚訝又感動，我雖沒宗教信仰，但想到「悲慘世界」電影歌劇中神父對尚萬強所做的，當這個世界都遺棄他的時候神父向他伸出援手，轉化尚萬強內在的恨，找到生命出口，是慈悲的示範。

　　「濯足節」取法於新約聖經上的約翰福音，耶穌在最後的晚餐時知道自己的日子快近了，對12位門徒洗腳，對門徒解說：「我是你們的主、你們的夫子，尚且幫你們洗腳。我給你們作了

榜樣，吩咐你們照著我所作的去作，你們即蒙福了！」這是很重要一個星期，教宗為囚犯洗腳當天是濯足節，後一天為受難日再過兩天即復活節，主耶穌為人類的罪而釘在十字架上，其意義勝過其死亡受難復活的一天。

教宗方濟說：「希望不論是教徒，或還未信主的，我們活在這世上，不再是為自己而活，坐在最小的兄弟身上的就是坐在主的身上。」願教宗方濟的榜樣，從感動羅馬觀護所開始，也柔軟我們每個人本來剛硬的心。華人的清明節與西方的復活節皆由「家庭的愛，將愛再延伸擴展對社會人類的大愛」，「神聖內涵」的能量是將愛與慈悲的典範啟發再去呈現，不斷的在宇宙中擴展。

我個人認為「教宗濯足」對當代影響很大，他給了教廷重生，他的一小步等於人類的一大步。

行動示範以宗教領導人，打破不同宗教與不同性別的二元論，每個人的「內在神性」是人類社會品質很重要的影響，教宗方濟的典範強化真愛與慈悲是在人間存在的，除了柔軟我們每個人本來剛硬的心外，真愛在人間的希望將會無限擴展與延伸。

2013年底的時代雜誌，人物封面記載「教宗方濟改革天主教」，由於他親自示範耶穌的真愛，寬恕所有原罪與地獄的人們，且不用尊貴服飾配飾來代表教宗權威，已喚醒更多的教徒回

歸。

　　2014年，教宗方濟主持第2度復活節彌撒，盼烏敘和平終結暴力，天主教全球教友已增至12億人口以上，且2013年被富比士選為全世界第四位最有影響力的人物，被尊為「A Man of Many Firsts」，是好多項第一位改革的教宗，是第一位非歐藉的教宗，對數十年的腐敗教廷不斷的變改，包括貪腐與神職人員的偏差行為，很對多已偏離「本質」做大力的更正，展現教廷的智慧與魄力，讓一切更簡樸，由心中出發，呼籲全世界結束戰爭並譴責浪費，對信眾更平易親和。

德蕾莎修女
追隨「內在聲音」的勇者

　　現今社會貧富差距大，過去20年來假藉宗教之名而掠財事件層出不窮，代表人們在這未知的時代，寄託宗教追求內心的平安喜樂是很強烈。

　　而在宗教界「內在領導力」的典範人物為德蕾莎修女。他在宗教慈善事業領域，投入他的一生，他敢擺脫一般天主教服務的中產與上層社會人士，他奉獻愛的對象是在世界各角落底層，最窮苦赤貧的人與將死於絕症又被社會親人遺棄的人因而成為超越宗教的慈悲代表人物，也是國內很多宗教大師啟發的典範。

　　由於他使命對象與舞台乃在「愛」，他的源頭來自「耶穌」。這是他生命的意義內在的聲音，因此對世間貧病苦痛者能完全感同身受，敢在印度教盛行的國度中做別人不敢也未曾做的事，聽從內在聲音的召喚後，他自1950年到1997年，47年間只照顧窮人、愛滋病患及沒有希望能獲得健康的兄弟姊妹，為所有深受苦難與最需要愛與關懷的族群，先後成立安寧之家，服務最貧

苦最不幸的人，收容醫院不願收容的垂死病患。

　　愛、和平、團結和喜樂，他將事業發展到世界各地，判斷自己能為別人做什麼，然後立刻付諸於行動。當1985年，他站在聯合國，聯合國秘書長介紹他時，是用「世界上影響力最大的女人」他是當之無愧。

　　他一生奉守的準則，從服務窮人身上獲得精神上成長，讓我們的工作能帶來愛，和平團結和喜樂。而成為宗教界典範人物的德蕾莎修女，因對世界的貢獻於1979年獲得諾貝爾和平獎，在1997年辭世，2003年列為天主教的真福名單。

　　他內在驅動力的來源，在天主教內他的教練神父，公布數十年來他所有親筆信的內容（為天主教內申請封聖必要的證詞與文件證明），他內心世界的過程內容包括其內在的聲音與落實使命激情的內心世界，幾十年的試煉與誘惑及精神演變的真實內容，包括他55年來，他全不拒絕耶穌的任何要求。

　　黛安娜王妃因婚姻的創傷，感受很深的背叛而得厭食症後，先後有身體與心理不同專業的療癒師，其中他最臣服的德蕾莎修女告訴他：「要治癒別人，則必須自己先吃苦。」

　　他因此受惠蛻變，自己出生皇室，血統貴族成份的族譜還比查理士王子深遠，但從小父母離異，嘗過心碎被遺棄的感覺，一

結婚沒多久就發現老公外遇，精神層面受的創傷，讓內心長期的折磨。於是他先治癒自己，將其自我身份認同釐清，投入喜愛的慈善事業再度展現光芒，他給出他的愛，擁抱安撫愛滋病患使人動容，他用自己生命的苦難蛻變，豐富了自己的生命，也更了解生命本質。

德蕾莎修女給黛安娜王妃的教練引導，是他自己生命的體驗，宗教教義相信任何人都是受神的計畫來到地球成為人，人生而平等。耶穌說你們要安慰，安慰我的百姓，而他自己感應被召喚乃是為了安慰最貧苦被社會遺棄的百姓，成為神職人員的他自己得到啟發，作為安慰的使者，你自己必須受過訓練，否則不足勝 。這種訓練的代價極大，學習安慰的藝術，你自己必先受傷才能了解，如住在醫院的病人當醫師替你洗滌、消毒、抹膏、包紮創傷的時侯，你就可學習初步的救護，他由天主教的內規中申請到執行他的使命，先後花了四年的等待時間與一年學習護理工作，並以平民身份進入他服務的社會底層與最貧困的百姓生活在一起，去體驗並同理他們的苦，進入他們內心最苦難。由他親筆信的內容，他的言行一致更顯示其「內在領導力」是宗教人物的典範，他本人是寧願默默無聞且認為自己只是「天主手中的一支鉛筆」，並深信天主是利用他的卑微來展現它的偉大。他總是將大家的注意力轉向天主和他的工作，在赤貧之人當中所做的事，他從不居功也從不神化自己。

德蕾莎修女隱藏不了他對窮人的貢獻，但他隱藏的非常成

功，是他與天主交往中深不可測的一面。他堅決不讓世人看見藏於心中愛的秘密，從這些親筆信中，由受到天主召喚到執行願景，我們有機會深入了解他豐盛的內修生活與這股堅持力量。

　　如他說：「若我有一天成為聖人（天主教內頂尖典範），我一定會是黑暗的聖人。我將長期不在天堂，而在地上為活在黑暗中的人亮起他們的光。」這是他的使命宣言，他生命的目的，即為耶穌要求來作我的光，他盡力成為天主聖愛的光，照亮生活在黑暗中的人。即使這使命代價，使他自己陷入可怕的黑暗，也勇敢面對各種磨難與痛苦，這是實踐使命所付出的代價。

黛安娜王妃的愛與他的
「內在領導力」旅程

　　2013年10月30日半夜看完黛安娜的電影，將他生前最後兩年的愛情與生命蛻變過程及內心孤單無助的哀愁描繪的淋漓盡致，至今我的心情還沒從電影悲傷難過的氛圍走出來。

　　他在1997年8月31日離世，1996年離婚，是英國威廉與哈利王子的母親，將來若他的兒子成為國王，則他即為正名的太后。電影詮釋黛安娜過世前兩年的生活點滴，他的美麗與永恆不朽的傳奇事蹟。爭取真愛的勇氣與被拒絕後的脆弱崩潰，黛安娜王妃箴言：「沒有愛，才是世界上最致命的疾病！」情緒上的執著浪漫。他的天賦才華在經過婚姻低潮期，終於走出陰霾活出他的自然本質，蛻變後毫無畏懼的為弱勢族群爭取福祉，如支持清除地雷工作，並擁抱安撫愛滋病患者，令人們為之動容，流露出真正的自我，而非只是頂著王妃的光環，這也是他「內在領導力」的呈現，生前完成消融了「自我身分認同」的侷限。（如下圖流程）

接受	覺察	讚嘆欣賞
- 內在的不舒服感覺 - 害怕失敗與丟臉感	- 覺察不舒服感與身體的位置 被接納與陪伴的連結直到痛的 能量完全被淨化	- 感覺內在充滿和平、平安 寧靜與美及喜悅感的純能量

「自我身份消融」：向內與真我本質連結

　　在往生前一年離婚，他在電視訪問中勇敢突破自己，承認自己已無法擠下三人的空洞婚姻生活，在分居期間的幾年中，他一直在尋找自己的安全感，雖然他運用王妃地位為全世界弱勢發聲，但在志工慈善事業底下，他又一直在掙扎害怕沒有真愛的伴侶，而掉入孤單的深淵的恐懼，與追逐此情感起伏的心路歷程。他的劇本如此真實，人生如戲，淋漓盡致的演完了一生，戲唱完了也下台了。我還是無限的感慨，如詩人魯米所說在愛的花園中，沒有對與錯。

貝多芬
樂聖的內在領導力

　　貝多芬1770年出生，1827年逝世，享年56歲，距今近200年前，在28歲時快要耳襲，但他以第二號交響樂曲的創作，將他心中不絕望且發誓在使命未完成前絕不能死的精神表露無遺，此創作的內容是由黑暗走向重生的光明。

　　記起數年前，我聽了愛樂電台放了1827年貝多芬在走前的最後一首創作「悲創」，其乃貝多芬在晚年貧病交迫又快往生前，將自己內心的創傷在音樂的創作過程中轉化，將他最深的哀傷穿越成為真愛與慈悲，此音樂的頻率也同時連結了人類共有的深層哀痛與無奈，達到偉大不朽境界。

　　在創作古典不朽的音樂作品過程中，他用音樂穿越時間與空間，是與內在至善連結的不朽案例，更是音樂上的「內在領導力」典範。

英國披頭四；威力襲捲全球

英國的披頭四登陸美國50週年，不但影響美國嬰兒潮這世代，威力也襲捲全球。如同Mickael Jackson 去蘇俄演唱後，他的歌唱與舞蹈的天才也從1989年影響至今。

幾年前英國歌舞競賽，手機推銷員與蘇珊大嬸先後因唱了「歌劇魅影」知名曲「夜半歌聲」與雨果悲慘世界知名曲「我曾有夢」，搖身變成國際知名歌手。透過蘋果iPad跨越科技與影音的登陸全球，影響到人們生活。

近幾年大陸將英國歌舞競賽Know How引進，造成轟動也感動全民，而台灣的張小燕與黃子佼主持的「我要當歌手」，讓有夢想又沒舞台的人，創造夢想可實現的可能性，深入社會每個角落，不分年齡層。

最會表演的歌手如金馬獎上蔡琴以「恰似你的溫柔」撫慰了所有聽眾；披頭四成名的兩條歌「Let It Be 」與「Hey Joe 」，歌聲結合了在越戰美國子弟因政府決定出兵而被徵兵到亞洲戰場的生死無奈與嘻皮「愛與和平」的反戰爭潮流，「Let It Be」唱著「當夜晚一切不順時，聽到聖母瑪利亞的輕聲安慰…放下吧！放下心中的哀傷。」另一首「Hey Joe」唱著「唱首內心傷感的歌；會釋放傷感的哀傷；then會讓你振作起來，不要一直留在消沈中。」想起我上了十幾年的心靈療傷課，每當遇到迷茫的人事

物，在此當下，老師都會用「Bring Him Home（帶他回家）」這首歌，將哀傷轉化成寧靜和平，是最快速最有效的直接體驗出口。

音樂的教育也使貧窮子弟在學習中由不被社會認同轉化成有自尊，用自信內在的力量穿越了物質的不足，如電影「看見台灣」原住民小孩的歌唱與《改變生命》委內瑞拉音樂家艾柏魯，用音樂與愛創造了奇蹟，拯救百萬貧童的生命，也影響西方歐美世界。

李安導演「身份認同與道路」的案例

李安導的電影我幾乎每部都看，對他的人格特質與真正內心世界也都在研讀中，前陣子的《少年PI的奇幻漂流》，我先後在台北與南非約翰尼斯堡觀賞並與原書精神對照研讀。

李安導演的人格特質是溫和細緻的無尾熊，特色是對有興趣的主題喜歡做中長程的了解，他有宏觀的興趣與觀察力，因此培養出廣闊的人文素養，對人類心靈深處的內心世界具有同理心，因此對於電影節奏與呈現，自信的描繪出獨特風格。

他個人口語的表達風格是含蓄重隱私，擅長藉用其作品來代言，在導演舞台有自己絕對的自信與果斷的抉擇力。正如法國小說家左拉表述「身為藝術家，我可以告訴你我的存在乃為了大聲說話！」我感覺他對戲劇與藝術的觀點已全心以赴的呈現在他的每個作品內大聲說話。

在求學時期，他發現自己對戲劇與藝術的熱情，而在看過電影《處女之泉》後，促使他朝導演之路邁進，即使當時父親期許

他成為教授。留美時期他取得電影製作研究所碩士學位並以最優秀成績畢業，雖失業6年但得到他另一半的了解與支持。

　　他的前三部電影，都是在探討親子或家庭之間的關係，也是他對個人身份認同與對此主題內在的聲音。2005年《斷背山》得奧斯卡導演獎，發表「我沒有發現我的電影，而是我的電影找到了我。」後來在《色、戒》與《少年PI的奇幻漂流》的劇本，都對自我內在的靈性旅途與追尋生命本質有更深的探索，也投射他目前人生的情境，在《少年PI的奇幻漂流》藝術的美感更淋漓盡致的呈現出來，連拍攝《阿凡達》的導演都讚美他拋開一般3D的刻版印象，創下新的里程碑。

　　李安的特色是擅長詮釋古今中外人物的內心戲。剛好公視演出胡金銓導演的世界級武俠片精髓回顧，其中也有訪問到李安，胡金銓導演拍戲很細膩，例如以京劇或明代為背影的場景，事前對每一個流程畫面都會規劃好，親力親為，而李安在2000年導演的《臥虎藏龍》在節奏性與氛圍有異曲同工之妙，但我認為在技術面李安不會做到親力親為，他更多的發揮是在人的內心戲與心靈面。

　　回顧李安從高中起最常拜訪的即為電影院，一路走來，李安說：「我對電影的憧憬正是我心蠢動根源。」以他生長的時代，他敢用自己方式堅持，甚至重考還是唸影劇。留美碩士期間曾得作品獎後失業六年，這段時間除了做家庭煮夫外，同時還寫下

幾本劇本並對電影與表演當中持續產生新的想法，對時運未到沉得住氣，對自己的最愛戲劇與藝術仍努力不懈。

當機會來時，一系列電影都有他個人很深的意義加註在電影註釋中，也獲得影評和觀眾的讚賞。但由於內在標準很高，2003《綠巨人浩克》大成本的投資，卻出現評價兩極，成為一部不是很成功的電影。在這次挫折中，李安想在49歲提前退休，好在他爸爸鼓勵他繼續拍電影，才在2005年以《斷背山》得到亞洲藉第一位奧斯卡導演獎。

由1992年到1994年他推出的《推手》、《喜宴》、《飲食男女》都在穿越傳統與現代，自己與爸爸，家庭的角色意義，後來的《理性與感性》、《臥虎藏龍》、《斷背山》都在探索自我身分認同。

如他所說我的電影找到了我，《少年PI》這部片，將戲劇的人物個性由心靈旅程轉入向內，美術設計展現也更上一層樓，從音樂中全面整合氛圍，展現「內在領導力」磅薄、和平、偉大、寧靜的唯美境界。

在少年PI中找到自己

當時《少年PI》在台灣上映九週還在熱賣，感恩之旅中李安感謝台灣觀眾的熱情與好學，很多還看了兩遍。

他發自心中與觀眾分享「除了我就是PI，且每個人都會在少年PI中找到自已。」他說老虎對他而言代表父親，也代表權威，而人生如同在大海很容易迷失，如果能克服現實的挑戰，最後就能與老虎和平相處。

聽完我覺得很感慨，21年前我由美國回台灣開發與擴展「內在領導力」，在我從事心理與心靈領導力整合教學中，父親的位置即代表現實世界的遊戲規則、人生方向、願景。如何在應對現實世界而又不迷失理想，一輩子自我本質是否能真正持續打開，要與現實和平相處第一關卡，是當自我覺知的時刻來臨時，要完全的接受任何自己不喜歡、害怕、抗拒又抓狂的人事物，才能感恩並欣賞自己內在的光及相信不可能為可能的奇蹟力量。

正如李安少年時期不接受父親的建議，要他面對現實世界成為教授，他不放棄自己的夢想，在與父親不和平張力中，選擇自己最愛的電影事業。

後來影劇碩士資優生畢業，卻失業6年，當家庭煮夫還是邊寫劇本，遇到人生第3次危機《綠巨人浩克》不賣座，此時已49歲的李安，父親反而鼓勵他不要放棄，要面對自己的畏懼與失敗感，人生已三起三落，再次冒險拍高成本3D電影《少年PI》，他的電影深層的探索人物的內心世界，感動每個觀眾，這也是我們生命的經驗。

李安就是少年PI派的啟發

我在南非約翰尼斯堡回台後買了李安口述傳記《十年一覺電影夢》，還想對李安做更深入了解，剛巧2013年1月李安返台，他特地到戲院答謝支持《少年PI》的影迷，他也對原先美國娛樂圈不看好的質疑一掃而空。

他說現在他可更輕鬆打開心門與台灣影迷們分享，當時9週下來全球賣房破4億5000萬美元，包含台灣已逼近5億台幣，他這次來台很開心此片獲得廣大觀眾的喜愛。

尤其這次3D影片因使用很多特效，成本很高也是他一生以來拍電影的第2次冒險，如同《少年PI》冒險的旅程。上次拍特效為主的大成本電影《浩克》，票房不好，9年後再試即上手了，也更有信心。藉此電影希望與全世界觀眾有更多的互動，這電影探索很深，事實上很多人都不易懂，這次來台他再深度的詮釋，除了再說「我就是少年PI」外，還說其實每個人多少都有少年PI的不同生命面向。

他還說每個人的內心深處都像在海上漂流，也都有孤獨、恐懼、掙扎，與生存的壓力。有外在敵對的威脅，如老虎是現實的課題，但內在擁有自我本質，經開啟智慧的大門後，才能體驗無限的和平、力量。《少年PI》既有史詩冒險旅程，心靈的悸動及視覺的驚艷，能觸發心靈深處的感動。李安說他電影乃針對全世

界市場，感動觀眾為需求，這是很深的電影，在此片我提供一般人未探討的面向，我相信只要看過此電影不會忘記且影響已發生。

在海上求生存，心靈上又不要發瘋，我是在講故事，不談宗教，宗教只是餌子，我在說上帝的仁慈與自我生命意義，是安身立命的靈性旅程。這也是我是誰的身份認同，是成為人每人內在深處都有的，只是壓抑太深而忘了，並沒有消失，由於我不是影評家，我是心理與心靈的生命教練，因此用「內在領導力」的角度來寫我的心得。

李安又說劇本有我個人的連結，如《少年PI》的經歷與我十分契合，包括與老虎的關係由生存的對立到同舟共濟相互依存到最後和平相處，老虎給了少年PI生存下去的勇氣，最後告別如和自己的過去說再見，代表童年的純真年代不會再回頭，而告別才能走下一步，就像現在的自己，即使目前生命的道路在三叉路口，不確定下一步。

另外如李安分享，每當面對他的脆弱，就會成為他創作的動力，他繼續揭露更多，如他自己在40歲前就一直很害怕，但也不知怕什麼，也不敢反抗，但40歲後，我專拍別人不敢拍的，如《臥虎藏龍》、《斷背山》、《少年PI》。而且我一做電影，大家就聽我的，盡力幫我，如我的第九部電影《斷背山》，我一直做我愛的，我就忘了害怕，一路走來，每次脆弱，在「反求諸

己」的過程中才體驗出創意，如拍《少年PI》改用3D特技的創意。

他因面對自己的脆弱而得到創意，也打開了心靈，走到今日英雄造時勢的境界，是最美的「內在領導力」剖析自白。

我是誰 Who am I

美國洛杉磯時間2013年2月24日、台灣時間25日最歡慶的大禮是李安又拿下第2座奧斯卡最佳導演獎，這也是創第一位亞裔得2座奧斯卡導演大獎的記錄。

正如他所說這是美國人的好萊塢殿堂也是世界影展最大獎，且這次奧斯卡還有強大的競爭導演，如執導《林肯》的史蒂芬史匹柏、《愛‧慕》導演麥可漢內克、《南方野獸樂園》導演班謝特林⋯，他得獎感言第一句：「感謝電影之神。」幽默中又帶真心。

除了影評的分析，我由心理與心靈淨化的角度探討對世界人們的啟示，這可能也是李安當初選電影導演的志向，一部好電影對世界文明的影響力與善的推動力。

他在2013年回台，宣布《少年PI》無關宗教，只是用宗教做餌。電影中雖提到印度教、回教、天主教，而他只是要提出少年

PI喜歡體驗感覺神的愛，如同生命教練的淨化過程與內在害怕結合後，體驗和平、無懼、喜悅、愛與甜美感，這也是無關宗教是將「內在的真理」能量擴展。

《少年PI》在大海中的孤單與冥冥中的神，影片用和平、美麗、愛與寧靜氛圍雕塑內心世界，全球人們經過金融海嘯、歐債危機、美日紛紛印鈔的金融信任危機，已有的信任安全感全沒了，在大海中幾百天這故事是可信的，但在大海中不知下一分鐘會發生什麼事。就如他拍這部片是做以前沒做過的，要去突破藝術與靈性的3D電影，最後票房衝破6億美金創新紀錄，他的影響是全球的且還在影響中。

這部戲百分之80到90在台灣拍攝，李安得獎時在全世界觀眾面前，感謝台灣的人、事、物給他的支持，如沒有台灣的幫忙就無法有此成果。台灣與有榮焉，我想到當初邱吉爾終於允許印度殖民地獨立於英國之外，還安慰自己說莎士比亞一人其價值即超越一個全印度，可見軟實力的價值不可小看。

李安借用《少年PI》的電影對全世界發出聲音，在少年PI中找到自己，Who am I李安就是少年PI的身份認同。

高凌風的演藝工作與婚姻家庭

　　1999年我寫書時有訪問過音樂博士趙琴，他主持的中廣「音樂風」節目，是許多愛樂者的最愛，有很多三、四年級生因為他得到音樂的啟蒙。

　　當時他就看到音樂可淨化人心，但當歌詞負面時，也可偏離人心而走入偏差行為而不覺察，例如「只要我喜歡有什麼不可以！」對青少年產生縱容個性。

　　我在美國並不了解其破壞力，加上自己也很少有時間聽國語流行歌，因此對歌詞也沒注意。直到電視上報導，只要我喜歡有什麼不可以，被年輕一代認為是很酷與模彷後，延伸到家庭問題、校園霸凌與社會問題，才了解蔓延十幾年的集體破壞力。

　　在2013年4月，因一場大型演講發現自己的氣不足，回台後決定練丹田以幫助演講，因此學聲樂來練氣，聲樂課最後半小時要自選一首自己喜歡的歌，我先後練了「小城的故事」、「奉獻」、「感恩的心」、「其實你不懂我的心」、「酒干倘賣

無」…，意外發現不僅氣提上來了，而每當情緒卡住時，經由練唱情緒也同時得到淨化，而我也藉唱歌釋放更多的感恩與分享內在的聲音。

2013年11月在華盟講師協會，高凌風因出版《火鳥：高凌風自傳》，做了第一場新書發表會暨演講，他將得癌症的過程，完整記錄下來，對自己的人生做了反省和檢討，在我們100多位講師與媒體面前，他宣布當場版稅所得捐贈公益及喚醒人們癌症並不可怕，他書中也提到是因受台灣首富郭台銘的弟弟走後，他發願要為癌症病人找生機，花更多的錢去救世人。

在此次演講，他懺悔自己這一生走來，第一大錯誤，因不懂得專注在自己的天賦歌唱事業上，當失去舞台低潮時，又開發模仿秀如星雲法師，並與唱歌及演講整合，後來因賺錢投入經營其他事業，去年發現在大陸的投資事業全泡湯，血本無歸，雖然歌手收入高，但因不懂得珍惜，先後因賭博與錯誤投資而導致金錢歸零。第二大錯誤，是在婚姻關係上，因不懂珍惜，連最有把握的第三次婚姻，認為自己只要專注賺錢即可，未注意經營婚姻關係，反而得到離婚的結局。

2014年2月17日高凌風往生，那一週我看了很多不同節目，對他評價毀譽參半，也看到報導2013年11月他的個人演唱，他唱著「如果都是天意」一個人躺在這裏，生命潮起潮落，或許我應該放棄，沒有誰願意聆聽我的喘息，如果都是天意，冥冥之中早

有決定，一生繁華淋漓，也許就走到這裡，如果都不是天意，或許才有奇蹟。

感慨之餘，我找出他好多得成名曲，如在水一方、再一次孤獨，因此我前往了3月8日的「高凌風出道40週年演唱會」，追悼這一代演藝界的流行歌曲歌唱天才。

演藝人：歌手高凌風：「金錢工作與婚姻家庭」的案例

在高凌風40週年演唱會上，他來不及與大家分享他的天賦，歡樂大師生命的活力以及將快樂帶給別人，孤單留給自己的火鳥精神能量。

我有幸參與臨場的體驗，看到了他啟動演藝圈的大團結，數百位的藝人參與。這場表面演唱實為追思的演出，由於他這一生重義氣又交友廣闊，所有出席演出的藝人不拿分文且聚集了演藝圈多代藝人且都與他有過生命的故事，每人真心熱情的獻出自己的才華與誠摯的心，演出一場我這輩子以來從未看到的喜悅、創意、活力豐盛的饗宴。

正如張菲現場所說：「今晚每個演藝人員都可一人擔綱演出，但沒有像現在能參與全部同台演出的歷史盛會。由此可看出高凌風的無形資產友情，超過世界首富比爾‧蓋茲。」

歡樂大師高凌風生前也沒想到的情景，至今還感覺台灣演藝人員們真是提供了友情與幸福感，此感覺難以筆墨形容也超過我的想像與體驗，還好我有現場參與並體驗到慈悲至善的愛，啟發了更大的生命目的。

　　高凌風最小的兒子寶弟追悼父親說：「走的匆匆，來不及告訴我。」他只離開醫院一小時，父親卻在此時走了，唱著牽不到你的手 ，在最需要父親時，牽不到父親的手！舞台上銀幕播放的父親的影片，三位孩子邊唱邊互相扶持，看到他三位子女展現的互相扶持與對爸爸不捨的真情流露，現場觀眾不但內心感動也祝福其下一代的幸福。此時此刻真愛至善穿越時空連結在一起，好美的展現，這真是一場無價又感動人心的饗宴。

全球「百花齊放」的時代來臨
危機與挑戰

　　4月15日我看到新聞報導，雲門舞集創辦人林懷民說自318太陽花學運而引起的黑衫軍反服貿運動，年輕人敢為自己的未來發聲，他很欣喜，他個人年輕時曾參與「釣魚台事件」運動，他提醒未來3個月是政治介入學運的考驗期，發起人群要注意如何把持理想為年輕人爭取希望，不被權力誘惑而變質。

　　日本動畫大師宮崎駿，他的作品「神隱少女」探討反戰、反核與環保，他起來反對日本首相安倍晉三的軍事挑戰，在經濟拼不成卻不惜學習德國希特勒的意識形態之戰。反觀韓國過去20年積極與世界接軌，先後在文化、經濟全國總動員，並有國家政治資源作為後盾因而經濟起飛，不受2008年金融危機影響。

　　金融危機以來，台灣經濟沒多大起色，尤其去年為悶與假的一年。美國是軍事、經濟、政治第一強國，先後8年因小布希掀起了軍事戰爭，並與回教國家的關係緊張，華爾街經過金融危機後還是充斥著貪婪的高薪肥貓，加上歐巴馬總統執政以來經濟上

一直無法在結構性上變革。面對全世界的變動，北非各國先後「茉莉花」革命至今政治、經濟依然向後倒及歐債危機如希臘、西班牙、烏克蘭…等，經濟與政治危機遍地開花。

　　過去七年原創企業家賈伯斯，打破電腦界的技術，整合科技與人文，創造輝煌的iPod、iPhone、iPad時代，現在幾乎人手一台的傳遞資訊。無邊界的臉書與網路能快速傳播訊息，網路傳播的淺文化，因沒有經過專業分析與事實論證，破壞力很大且危機重重，正如李安「少年PI」的寫照，每天面對「老虎」的現實生活。美國國力已大不如前，挑戰資本主義與民主主義的制度瑕疵時期，排名第2的中國雖已崛起30餘年但又還未準備好取代第一名，因建設性與創新速度還不足，在此尷尬時期，全球每個人即使沒有權責或職位，也應負起自己生命的全責性開發，是自我「內在領導力」覺醒的時刻，在面對危機的同時讓自己更有力量，進而擴展智慧，而不是浪費在批判、抱怨、哀怨不滿外在的情況。

第 6 章
結論

歷史可以不重演內在領導力的試煉

曼琳與丈夫Mac

我修練自己內在領導力的功課，包括私領域的磨練，以下為我的試煉，我由親密關係的試煉而得到穿越原生家庭關係的禮物。

2013年12月我與老公去他家鄉南非約翰尼斯堡度聖誕新年假日，剛好踫到全球最偉大的政治領袖曼德拉的葬禮期間，我個人也得到很多啟示，曼德拉本人私領域，第二次婚姻老婆外遇，他在記者會對全國宣布他離婚，並選擇寬恕原諒，因仇恨使人腦袋無法清楚思考。而當結束長達27年的監獄生涯，不久即建設南非

及他的私領域150多年前其祖先酋長與白人們爭奪戰失敗而死，公領域也主張放下仇恨大和解，公私領域是一致性。

從政5年落實此主張至今20年來還是得到當地白人的欽佩與信任，且外資大量投資，經濟成長以及失業率也最低，而黑人的自尊心贏回，在地黑人自己不敢做大夢，至少做到貧而無怨，而美國黑白混血的歐巴馬總統也感恩曼德拉榜樣使他敢落實夢想而有今天。

當代偉人曼德拉穿越家族及被迫害者歷史重演陰影實現修身齊家治國平天下的「內在領導力」，是公領域及私領域言行一致典範人物。人類不分人種，都有要穿越試煉的不同課題，但「真理無懼，至善才能寬容」是一致的。

度假回台至今受其言行一致的啟示，我回憶訂婚前兩年，我替我老公也是當時的未婚夫與我家人，做了PDP個性與領導溝通特質問卷，發現我老公與我父親的個性特質好像，我老公是白人且是西方上流社會的人，我自己在美國也已奮鬥到當地上流社會層級，而我父親是上校軍官退休與經營中型企業的經營者，公司300多位員工，在當時也算富有。

但自1985年我與父親在家庭事業的大誤會，他未曾回覆我，因此我心結卡住一年多，並在1987年得了憂鬱症。因此1992年婚前要求與老公簽婚前協議書，在當時是很前衛的舉動，但我不希望到晚年又歷史重演且當時我心中陰影並未過關，還好我老公了

解也完全支持，婚姻自今也過了好幾關，我老公一直支持我的「有勇氣作自己」，雙方在坦白溝通後，體驗更深的真心與愛，也不卡在太太角色。也因此先後在2003年與2013年，和家人在原生家庭與事業的課題，都提煉出真心，表露自己真心話，以和平的心為第一優先。

　　左下圖是1992年11月5日我做太太的角色測驗，能量耗損等於8小時的全職工作，用掉的能量與對自己作為太太角色滿意度低。

　　右下圖是2009年5月12日，我父母親同時面臨年老臥病，在台灣我幾乎每天回家看望，但還是無法接受，近一年的失眠，害怕面對長輩死亡的課題，在與老公揭露內在的焦慮後，完全獲得老公的全心支持，從一年4次大節（端午、中秋、除夕、初一）調整為每周陪我一起回去看望，結果太太角色的我，精力耗量調整為「健康及高滿意度的太太」。

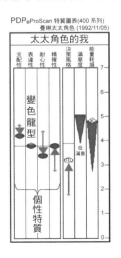
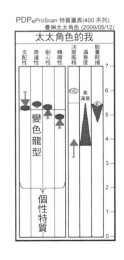

我這10年的功課，即使30年前已進入富有的物質面，但內心有陰影，害怕只要有一個錯誤決策又會一無所有，經過近30年的起伏折磨，如今對錢的恐懼感我終於體驗到幾乎完全的消融，而且我更體驗內心無限和平與喜悅能量的擴展。

原生家庭課題的試煉 喚醒內在的神性

從2006年起父親突然重病，同時母親又已得失憶症3年，4年期間我從內心害怕混亂走到內在和平與父母親說再見，我先後在慌亂時與和平後，以女兒角色對媽媽做了兩份PDP圖表測量以便了解。

曼琳與母親

如「女兒角色對媽媽(1)」2006年9月11日慌亂其耗損能量等於全職工作8小時的1倍，是自己對做女兒的角色，來表達對自己的期許不滿意。

　　經過一年後的學習「接受」，2007年9月感覺自己內心和平了很多，再做PDP問卷如「女兒角色媽媽⑵」，看到自己心力耗能量健康與成為女兒角色的自我滿意度平均一致。

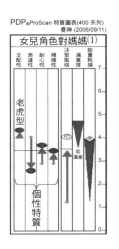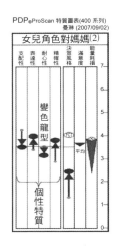

　　2年半前，我在上海才飛到北京。晚上準備第2天的上課時，打開手機即看到簡訊，母親早上已往生，我立刻打給妹妹想了解詳情，而又無法停止哭泣，最後還是妹妹一直電話安慰我，回台參加母親告別式，我沒宗教信仰但妹妹是虔誠基督徒，長期參與唱詩歌，入殮禮拜及安葬禮拜我們全家都尊重與接受他的安排，在追思會上第一首歌是「耶穌恩友」，我們唱了好幾遍，心中感恩母親這一生對我的祝福與教導，使我可自力更生，做自己熱愛的工作。

原生家庭課題的試煉與消融

2006年父親突然大病，且醫生也認為痊癒機會不大，我震驚後與同時做「女兒角色對爸爸(1)」PDP圖表測量，發現自己心力耗能量為全職工作的一倍半，在此一年期間夜夜失眠、內心迷失。（如左下圖）

曼琳與父親

而對父母親說再見的不捨，內在接受準備了一年多，當內心和平後在2007年9月1日再做「女兒角色對爸爸(2)」的PDP圖表測量，精力耗量已趨健康與自我滿意度高。（如右下圖）

2013年5月27日早上6點，妹妹打電話給我，說醫生宣布父親時日不多，

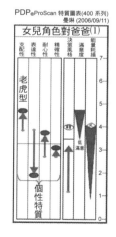

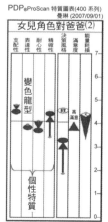

就剩這一兩天了，我飛快趕去，腦袋一片空白，每個人輪流在父親耳邊講話，當場我心情混亂百感交集，覺察到我要接受生命的引導，要允許自己定下，心中忽然有一條歌上來，我哼給我妹妹聽，他寫下耶穌恩友What A Friend We Have In Jesus ，這是Joseph Scriven於1885年寫的，我引導全家一起唱這首「心中的歌」，大家在和平且不捨的氛圍中，送父親最後一程，在淚水與情緒的淨化中，全家人的真愛串連，直到不捨的情緒完全的洗滌，和平能量充滿內心。（如下圖淨化過程）

接受 →→→→→	覺察 →→→→→→→→→→→	純能量：和平、寧靜、欣賞
－不舒服 的焦慮感	－內心情緒的心碎、不被愛、 不被要、無價值、羞愧感覺，	－純能量-平安甜美 與喜悅感

生命課題的召換：「人類」傷痛情緒的洗滌淨化過程

因自己過去5年，內在已經「和平」的準備這天的來到，但真的來到時，剛開始還是很糾結的交戰，直到覺知且完全接受「生命」的安排，將內心的不捨與對父親的真愛連結後，我終於可以以和平的歌聲唱出，我內心洗滌深深感謝，大聲講出父親這一生給我與全家的禮物，心中感動好深，在約1小時後，父親開始走向人生最後的旅程。

原生家庭課題試煉的啟示：與哥哥、妹妹、弟弟們

回想12年前，接獲訊息來到醫院，當時哥哥在彌留中隨時會走，我一到醫院醫生即在全家面前宣佈哥哥壽終，我一下呆了，只聽到媽媽放聲大哭，之後按照基督教的儀式入殮安葬，接著我就到美國參與事業的會議。

接著母親在兩年多前往生，爸爸也在半年多前往生，自己與弟弟和妹妹面對家庭事業未了的事。

左上－哥哥；右上－曼琳
左下－妹妹；右下－弟弟

此次的挑戰，我的情緒像海浪般的大，覺查此情緒的大浪，每晚我唱著劉文正成名曲「諾言」，歌詞中「我曾為他許下諾言，不知甚麼能實現.......雖然是我為他許下諾言，也是我深藏在內心的心願，諾言心願，誰知道要等到那一天」，心中的無力感只有藉由唱歌，與父母親愛的能量連結，心中感覺有他們的陪伴及支持。（如下圖淨化過程）

接受	→→→→→	覺察	→→→→→→→→→→	純能量：和平、寧靜、欣賞：
－不舒服的焦慮感		－唱出內心情緒的感覺，自然釋放負面能量的洗滌淨化過程		－純能量-平安感

生命課題的召換：「人類」傷痛情緒的洗滌淨化過程

　　妹妹又因單身搬出與父母親共同住了近30年的房子，他對自己為原生家庭的犧牲，向我吐苦水了好幾次，我感覺到他突然失根的孤單感，作為姊姊的我幫不上忙，在每一次與妹妹見面被刺傷時，有好深的無力感和被誤會感。當2013年12月10日我的「姊姊角色對妹妹」PDP圖表，情緒陷入無助感及徒勞無功感。（如姊姊角色妹妹(1)）

　　我接受自己內心因角色而引起的傷痛，直到這些痛消融與和平後，我寫一封長信請妹妹要全責性的接受自己與面對自己內心的孤單感、無助感，寫完後我內在感到無限的和平與力量。第2天，我再做PDP問卷，發現自己耗能量已呈現健康與高滿意度的姊姊，內在情緒也洗滌清了。（如姊姊角色妹妹(2)）

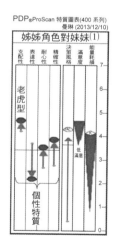 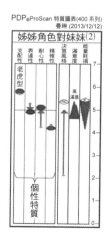

下午我打電話給妹妹，他已看了我的email且他也完全清澈和平，電話中也祝福我，不用再為他擔心，會照顧自己健康。很美好的生命體驗，我與弟弟和妹妹彼此真愛、真心的大門打開了。

▶ 生命的冒險旅程

　　生命每日的活動其實離不開三種活動，第一種為「冒險」擴開新的視野，第二種為「功課」學習與第三種為「過程」此乃連結自己底下不舒服感覺，所壓抑的信念、感覺與圖像。如每次當計劃趕不上變化，人算不如天算的問題不斷發生，這也是「生命」的課題，是喚醒我們不要把「問題」當為敵人，是要把它當為朋友，即對問題要有好奇心與耐心，並要臣服、信任與接受。

　　我們每個人都有成為人的「內在神性」及觀照者的陪伴與無條件愛的支持，我們永不孤單。只是我們在專注求生存過程中忘了此天生的資源，要經由面對、接受、體驗淨化洗滌後，內在無限的平安、和平、寧靜、力量與美的能量才會擴展，而當一個人清澈後，「內在領導力」的智慧、力量、至善、格局的能量即會展現出來。

　　憶起克里斯多福・孟老師在「情緒淨化」中提到，他提醒在這個世界上都會碰到三種人，第一種人是我們的鏡子，會反映出我們內心的內疚感、遺憾感、自我論斷和自我批判。小孩就是每

個父母親內心的鏡子。因此，家人之間的張力愈大，面對接受及覺察後得到的生命禮物也是愈大，內在的欣賞讚嘆也越大。第二種人是我們的老師，他提供與提醒我們面對內在本質中已有的真理、真相和至善、慈悲、真愛的啟示。但此種老師不是傳統權威制度下「運用權威」的職位，而是能提供上述啟示淨化的教學老師。第三種人就是你生命旅程的同伴，像是你的伴侶、原生家人、子女、老友與同事，這些人會啟動你某一種人生經驗，也會和你共同經歷人生的某些旅程。

正如同1993年比爾蓋茲在第一次的非洲行，感受到「同體大悲」的生命震撼，這些受病痛纏身的非洲小孩與他母親即為他的第二種老師，帶給他很大的啟示。因此在比爾蓋茲母親往生後5年，他捐出了一大筆款項，他父親熱淚盈眶說：「真希望比爾蓋茲的母親此時也站在這裡，看到這一切。」，這是比爾蓋茲的第三種老師，與家人人生經驗的啟動。生命每一個旅程都相關聯，比爾蓋茲生命的第二個慈善事業，堅信每個生命都有相同價值，並致力於幫助所有人獲得健康的生活，每個人都能得到平等的對待，使整個世界變得更加公平，此也是他的天賦本質生命第二階段「內在領導力」擴展的典範。

當我們在生命中遇到人算不如天算，且問題以不同形式的一再重演，例如事件中有被背叛感、徒勞無功感、無用感、無價值感、迷失感、孤單氣餒感等，成為人的「生命問題」，此時是「接受」與「喚醒」來敲門的時刻，而喚醒的三項內涵與過程：

⑴ 「如實如是」的完全「接受」現狀，不做論斷，不抵抗不拒絕。

⑵ 覺察並與內在的身體感覺不舒服處連結，直到感受整個和平下來。

⑶ 與內在神性觀照者連結，融入每件事情的發生，體驗一切，「道」的體驗是無法用言語形容的且也是「非個人化的」，觀照者的創作作品。

　　這個世界是有希望，當新時代的召喚，要如同美國總統甘迺迪所說的不要問你的國家能為你做什麼，而要問一下你能為你國家做些什麼。轉化為每個人全責性擔當，面對與穿透自己生命的功課，穿透「生命的奧祕」同時會對其他人與其他生物產生敬意，萬物同源，天地萬物能和諧相處的契機來臨。經由每次「生命問題來到」，種種現實試煉來發現「你真正是誰」，是與當下內在神性觀照者聯結的偉大時刻。

感謝

　　寫完本書後，我回想23年來，我從事「領導力」與「內在領導力」的教學與教練及研究傳記、案例一路遇見的人、事、物，真可用陳樂融作詞、陳志遠作曲的「感恩的心」來描繪：

　　「我來自偶然 像一顆塵土 有誰看出我的脆弱，

　　感恩的心 感謝有你 伴我一生 讓我有勇氣作我自己，

　　感恩的心 感謝命運 花開花落 我一樣會珍惜！」。

　　太感動與太美的內在聲音，此時此刻，「感恩的心」旋律與歌詞不斷如泉水般的湧現心中！太多太多的人事物要感謝⋯⋯

　　感謝：我的老公Mac Vander Merwe 、李孟浩、沈明華、馬金蘭的支持與協助才能完成此書。

參考書目

人物傳記系列

- 《賈伯斯傳》；華特‧艾薩克森著；廖月娟、姜雪影、謝凱蒂譯；天下文化出版社
- 《希拉蕊傳：第一夫人的內心世界》；茱迪絲‧華納／著；殷于譯；新自然主義
- 《活出歷史：希拉蕊回憶錄》；希拉蕊／著；鍾玉珏、潘勛、陳文和、尹德瀚、楊明暐等譯；時報出版
- 《我的人生：柯林頓回憶錄》；比爾‧柯林頓著；潘勛等譯；時報出版
- 《柯林頓的權力謊言：欲望之河》；克里斯多佛‧安德森／著；陳秋萍／譯；宜高文化
- 《歐巴馬的夢想之路－以父之名》；巴拉克‧歐巴馬著；王輝耀、石冠蘭合譯；時報出版
- 《歐巴馬勇往直前》；巴拉克‧胡笙‧歐巴馬著；商周出版
- 《黑旋風歐巴馬》；林博文著；立緒

■ 《老子說》蔡志忠著 明日工作室出版

■ 《孔子說》蔡志忠著 明日工作室出版

■ 《十年一覺電影夢》張靚蓓／編著；時報出版

■ 《曼德拉的禮物》理查‧史丹格著；郭乃嘉譯；時報出版

■ 《從電腦天才到世界慈善家：比爾‧蓋茲全傳；常少波著；
文經閣出版社

■ 《雪球：巴菲特傳》艾莉斯‧舒德著；楊美齡等合譯；天下
文化

■ 《真相－喚醒內在領導力》、《五型領導者》、《透析跨世
紀－成功領導學》、《如何心想事成」、《天生領導－做各
全方位的領袖》、《透視女贏家》、《掌握成功的關鍵》、
《成功軌跡－中外領袖領導特質大剖析》張曼琳著

■ 《曼德拉：有效領導能力的寫真》Mac Vanderwe范麥爾撰文
2003年領袖協會

■ DVD《永遠的領袖：曼德拉》發行：南強國際影視傳播

■ DVD《大國崛起》發行：新動國際多媒體

■ 《瑪麗‧居里》Beverley Birch著；丘彥明、唐效譯；東華書
局

■ 《羅斯福夫人》David Winner著；張先信譯；東華書局

■ 《居禮夫人》尹萍譯 天下文化

■ 《葛麗絲王妃傳》高文‧羅賓絲著；金文圖書有限公司

■ 《希拉蕊傳 茱迪絲‧華納著》月旦出版公司

■ 《柴契爾夫人回憶錄（上下）》瑪格麗特‧柴契爾著 月旦出
版公司

- 《江青沉浮錄》林青山著 大村文化公司
- 《宋美齡──中國第一夫人傳》許漢著；開今文化
- 《賈桂琳真傳》林炎成著；金文圖書有限公司
- 《宋慶齡傳》愛潑斯坦著；沈蘇儒譯；日臻出版社
- 《平凡的勇者》趙耀東著；天下文化
- 《羅斯福小傳》太田佐郎著 許道新編譯；先見出版社
- 《偉人的母親》小原國芳編；高金郎譯；台灣商務印書館
- 《米德：人類學你先知》Michael Pollard著；陳品君譯；牛頓出版股份有限公司
- 《南丁格爾》Pam Brown著；張先信譯；東華書局
- 《蒙特梭利》Michael Pollard著；唐效、丘彥明譯；東華書局
- 《露絲·潘乃德 文化模式的詩神》瑪格麗特·米德編；張自譯；稻禾出版社
- 《約翰·甘迺迪淺介》Errol Selkirk著；易汶譯；博益出版集團
- 《創造歷史的女人》王家編；王家文版社

心理學、人性學、哲學、禪學、勵志學與方法學系列

- 《喚醒心中的巨人》Anthony Robbin著；李成嶽譯；中國生產力中心
- 《邁向成功的勇氣》田中真澄著；嚴桂蘭譯；新時代
- 《打開成功的心門──10個自然法則／掌握時間、規劃生活》Hyrum W. Smith著；劉麗真譯；麥田出版社

- 《學問的生命與生命的學問》傅偉勳著；正中書局
- 《與家人共舞》鄭玉英著；信誼基金出版社
- 《天下沒有不吵架的夫妻》能戶清司著；丁祖威譯；聯經出版事業公司
- 《自我的探索（Man and His Symbol）》卡爾·榮格等著；黎惟東譯；桂冠圖書公司
- 《生之勇氣》保羅·田立克著；胡生譯；久大文化
- 《充實人生》莊綉滿著；將門文物出版有限公司
- 《無限影響力》狄倫施耐德著；賈士薇譯；天下文化
- 《思想與心理（Straight And Crooked Thinking）》梭羅土著；陳順吉譯；國際文化事業有限公司
- 《行為學的基礎》郭任遠著；萬年青書店
- 《愛與被愛》御木德近著 慧琪譯；哲志出版社
- 《解剖人性深層心理學》多湖輝著；秋美譯；鍾文出版社
- 《饒恕的藝術（Forgive Forget and Be Free）》珍妮特·洛克比著；湯麗蘭譯；中國學園傳道會出版部

趨勢、組織發展、管理概念叢書系列

- 《改造企業——再生企業的藍本》Michael Hammer & James Champy合著；楊幼蘭譯；牛頓出版社
- 《企業不倒翁——改造公司的首腦人物 Mark Potts & Peter Behr合著 榮泰生譯；中國生產力中心
- 《組織行為學》Don Hellriegl & John W. Slocum, Jr. & Richard

W. Woodman 林靈宏譯；五南圖書出版公司

- 《組織的盛衰——從歷史看企業再生》現屋太一著；呂美女、吳國頓合譯；麥田出版社
- 《第五項修鍊——學習型組織的藝術與實務》天下文化 Peter M. Senge著；郭進隆譯
- 《中國的文藝復興》陳舜臣編著；萬象圖書出版社
- 《湯恩比眼中的東方世界（上、下）》湯恩比編；久大文化
- 《為文明的趨向求答案》孫慶餘著；領導出版社
- 《未來的衝擊》杜佛勒著 蔡伸一章譯；志文出版社
- 《大未來》杜佛勒著；時報文化
- 《大趨勢》黃明堅譯；經濟日報
- 《21世紀企業全球戰略》大前研一著；天下文化
- 《第三波》杜佛勒著；逸群出版社
- 《二〇〇〇年大趨勢》尹萍譯；天下文化
- 《全預測(2)》三菱綜合研究所；卓越文化
- 《文化與生活》錢穆等著；樂天出版社
- 《文化學》錢穆等著；樂天出版社
- 《女性大趨勢》John Naisbitt & Pattricia Aburdene著；陳廣譯；台視文化公司
- 《歷史的現代觀》堺屋太一著；久大文化
- 《創造世界文明的書》唐斯博士著；譚逸譯；中華日報
- 《領導者的七次微笑》勞倫斯‧米勒著；林宜瑾譯；時報文化
- 《企業文化》泰倫斯‧迪爾、艾倫‧甘迺迪著；黃宏義譯；

　　長河出版社
■　《放寬歷史的視界》黃仁宇著；允晨出版社
■　《中國大歷史》黃仁宇著；聯經出版社
■　《人才哲學》石滋宜著；社會大學
■　《成功心理學》Dr. I. Swell著；邱奕銘譯；遠流出版社
■　《時空與人生》金忠烈著；華岡出版社
■　《教育與人生》庫斯南第著；張南星譯；牧童出版社
■　《從歷史看領導》許倬雲著；洪建全基金會
■　《歷代偉人用人之道》滄海客著；泰華堂出版社
■　《科學和教育》吳大猶著；聯經出版事業公司
■　《21世紀革新型領導》安藤嘉昭著；林中力、許錫慶譯；中
　　國生產力中心

時報悅讀 003
內在領導力

作　　者—張曼琳
編　　輯—林菁菁
封面設計—孫麗雯

董 事 長—趙政岷
出 版 者—時報文化出版企業股份有限公司
　　　　　一〇八一九　臺北市和平西路三段二四〇號三樓
　　　　　發行專線—（〇二）二三〇六六八四二
　　　　　讀者服務專線—（〇八〇〇）二三一七〇五・（〇二）二三〇四七一〇三
　　　　　讀者服務傳真—（〇二）二三〇四六八五八
　　　　　郵撥——九三四四七二四　時報文化出版公司
　　　　　信箱——〇八九九臺北華江橋郵局第九九信箱
時報悅讀網—http://www.readingtimes.com.tw
讀者服務信箱—newlife@readingtimes.com.tw
時報愛讀者粉絲團—http://www.facebook.com/readingtimes.2
法律顧問—理律法律事務所　陳長文律師、李念祖律師
印　　刷—勁達印刷有限公司
初版一刷—二〇一四年十月九日
初版三刷—二〇二二年五月十一日
定　　價—新臺幣二五〇元
（缺頁或破損的書，請寄回更換）

時報文化出版公司成立於一九七五年，
並於一九九九年股票上櫃公開發行，於二〇〇八年脫離中時集團
非屬旺中，以「尊重智慧與創意的文化事業」為信念。

內在領導力 / 張曼琳作. -- 初版. -- 臺北市：
　時報文化, 2014.10
　　面；　公分. -- (時報悅讀；3)
　ISBN 978-957-13-6085-0(平裝)

1.領導統御 2.領導者

541.776　　　　　　　　　　　　　　103018649

ISBN 978-957-13-6085-0
Printed in Taiwan